天津大学生命科学学院简志

ANNALS OF SCHOOL OF LIFE SCIENCES
TIANJIN UNIVERSITY

TIANJIN UNIVERSITY
SCHOOL OF LIFE SCIENCES
2012

卜繁旭 / 主编

武 璇 张银兴 / 副主编

天津大学出版社
TIANJIN UNIVERSITY PRESS

图书在版编目（CIP）数据

天津大学生命科学学院简志 / 卜繁旭主编 ； 武璇，
张银兴副主编. -- 天津 ： 天津大学出版社，2024. 11.（2024年11月重印）

ISBN 978-7-5618-7783-8

Ⅰ. G649.282.1

中国国家版本馆 CIP 数据核字第 202487BW86 号

天津大学生命科学学院简志 | TIANJIN DAXUE SHENGMING KEXUE XUEYUAN JIANZHI

出版发行	天津大学出版社
地　　址	天津市卫津路92号天津大学内（邮编：300072）
电　　话	发行部：022-27403647
网　　址	www.tjupress.com.cn
印　　刷	廊坊市瑞德印刷有限公司
经　　销	全国各地新华书店
开　　本	787mm×1092mm　1/16
印　　张	11
字　　数	194千
版　　次	2024年11月第1版
印　　次	2024年11月第2次
定　　价	80.00元

本书编委会

顾　问：张　蕾　李一昂

主　审：牛志广　叶　升

副主审：尚　洁　王　涛　王汉杰

主　编：卜繁旭

副主编：武　璇　张银兴

编　委：杨　柳　彭予心　刘　晶　王　茜　李　勇　李泽兴

郭　旭　孙万蜜　朱春凤

序 / Preface

百年树人为本，十年树木成林。天津大学作为中国第一所现代大学，开中国近代高等教育之先河，谱写了中国高等教育史上的不朽篇章。天津大学立足中华大地、放眼全球，面向世界科技前沿、面向经济主战场、面向国家重大需求、面向人民生命健康，探索全人类共同面对问题的解决路径，坚持“强工、厚理、振文、兴医、交叉（融合）”的发展理念，形成了多学科协调发展的综合学科布局。生命科学作为自然科学的重要分支，致力于方寸天地之间，探索生命的奥秘，是人们观察和揭示生命现象、探讨生命本质和发现生命内在规律的科学。生命科学学院的成立承载着时代对新兴学科的强烈呼唤和完善学校学科布局的重要使命。生命科学学院秉承“高起点、新机制、办特色、创一流”的建院方针和“学术立院、人才强院”的建设理念，注重内涵式发展，不断加快成长步伐。

育桃李奋进强国征程，树英才砥砺复兴伟业。生命科学学院与民族命运紧密相连，与国家发展同频共振，以永不懈怠的精神状态和一往无前的奋斗姿态勇毅前行，用一个个重要成果赓续生命科学之学脉，培育可堪大任之栋梁。2020 年生物科学专业获批教育部首批“强基计划”改革试点，2021 年生物科学专业获批国家级一流本科专业建设点，入选国家基础学科拔尖学生培养计划 2.0 基地。生命科学学院始终坚持立德树人根本任务，以培养生物学科拔尖创新人才为目标，致力于将学院建设成为办学条件优良、生源质量优秀、学科水平一流、师资力量雄厚、交流合作活跃、管理服务优质、拔尖人才辈出、社会声誉良好，综合实力居全国同类学院前列，在国际学术领域有一定影响的研究型学院。

修志存史，鉴往知来。编撰简志意味着追忆昨日之史，以为今日之鉴，更奠明日之基。简志梳理回顾了学院的建院情况、发展历程、人才培养和科研成果等，见证了一代又一代生科人的辛勤和汗水，是对学院建设发展过程客观公正的总结，亦是学院继往开来、砥砺前行的重要借鉴。

简志的编写受到天津大学第一期院馆院史院志建设项目立项支持。同时，得到了各级领导、广大师生和校友们的关怀、鼓励和支持。多位学院初创阶段的前辈师长提出了很好的指导性意见，捐赠了珍藏的图片、资料，在此向他们致以衷心的感谢！

十年生科，树木成荫；百载天大，英华卓荦。2025 年 10 月 2 日，天津大学（北洋大学）将迎来 130 周年华诞。生命科学学院组织编写《天津大学生命科学学院简志》，以此献礼天津大学 130 周年华诞。生命科学学院将继续立足国家重大战略需求，为保障人类健康、生物安全和生态安全提供天大方案，为构建人类命运共同体、地球生命共同体贡献天大智慧，为培养胸怀祖国、服务人民的基础研究人才奉献天大力量！

本书编委会

2024 年 10 月

目　录 / Contents

·第一章　生命科学学院成立及发展·

第一节　筹建生命科学学院

1996 年，经国务院学位委员会批准，天津大学设立生物物理学硕士点，2003 年设立生物物理学二级学科博士点。2010 年，在生物物理学二级学科博士点的基础上，建设生物学一级学科博士点。2011 年，天津大学生物学一级学科博士点经国务院学位委员会批准授权。

2012 年 7 月，经学校八届第 103 次、104 次党委常委会研究决定，成立天津大学生命科学与生物技术学院筹备工作领导小组，时任天津大学党委副书记、副校长舒歌群任组长，张蕾任副组长，成员为组织部、教务处、科学技术发展研究院、研究生院、人事处、财务处、房产处、国有资产与设备管理处、后勤保障部等部门负责人。筹备期间，学院筹备工作办公室从管理与经济学部调入辅导员刘立山，从国际合作与交流处调入管理干部卜繁旭，从校外招聘实验技术人员杨柳，承担学院筹备工作办公室具体工作。

2012 年 12 月，经学校八届第 117 次党委常委会研究决定，成立天津大学生命科学学院。学院定名为“天津大学生命科学学院”，英文名称为 School of Life Sciences, Tianjin University，英文缩写 SLS。原天津大学生命科学与生物技术学院筹备工作领导小组更名为天津大学生命科学学院筹备建设工作领导小组，在学院初期建设阶段，仍按原有职能继续运行。生命科学学院为实体学院，行政、人事和财务实行新的管理机制。

学院拟定了五年建设规划，确定了“高起点、新机制、办特色、创一流”的建院方针和“学术立院、人才强院”的建设理念。提前谋划布局招生工作，在学院筹建阶段，就已被列入研究生招生专业目录，开始接收校内外申请免试推荐的研究生；向教育部申报生物科学本科专业备案审批，列入 2013 年本科招生计划。在北洋科学楼改建了 300 多平方米的实验室，初期引进的教师和招收的学生可以迅速开展科研工作。

第二节　成立生命科学学院

经过紧锣密鼓的筹备，2012 年 12 月 12 日，生命科学学院（以下简称“生命学院”）正式揭牌成立（图 1–1）。中国科学院院士、病毒学家曾毅任天津大学生命科学学院名誉院长。中国科学院院士、分子生物物理与结构生物学家饶子和任生命科学学院学术委员会主任。时任天津大学党委书记刘建平，校长李家俊，副校长余建星，校党委副书记、纪委书记汪曦，中国科学院、第三世界科学院饶子和院士、张春霆院士等出席了成立仪式。

图 1–1　天津大学生命科学学院成立揭牌仪式合影

前排左起：张蕾、汪曦、余建星、李家俊、饶子和、张春霆、刘建平、于晓方、舒歌群
二排左起：龚勇、杨海涛、董宇辉、王涛、陈清焰、冯翠玲、秦云波
三排左起：陈金龙、荣喜民、张卫文、赵学明、杨福玲、刘洪波、张凤宝、杨冬

饶子和院士、张春霆院士共同为“天津大学生命科学学院”揭牌（图 1–2）。天津大学各部处负责同志、各院系领导及生命学院、环境学院、药学院、化工学院的教职工和学生代表等 100 余人参加了成立仪式。

图 1–2　饶子和院士（左）、张春霆院士（右）共同为学院揭牌

成立仪式上宣读了《关于成立天津大学生命科学学院的决定》。时任天津大学党委书记刘建平代表天津大学校党委、校行政，向生命学院的成立表示热烈祝贺，向为学院成立付出辛勤劳动的同志表示感谢，对生命学院发展提出了要求，即采取“高起点、新机制、办特色、创一流”的发展模式。生命学院作为学校教育教学体制改革特区，在人、财、物方面采取新机制新办法，整合学校的优势资源，研究世界前沿领域，实现学术的重大突破。将学院建设成为办学条件优良、生源质量优秀、学科水平一流、师资力量雄厚、交流合作活跃、管理服务优质、拔尖人才辈出、社会声誉良好，综合实力居全国同类学院前列，在国际学术领域有一定影响的研究型学院。成立仪式由时任天津大学党委副书记、副校长舒歌群主持。

第三节　生命科学学院发展情况

学院坚持“高起点、新机制、办特色、创一流”的建院方针和“学术立院、人才强院”的建设理念，遵循高等教育和科学研究的发展规律，以研究型学院建设为中心，以学科建设和拔尖创新人才培养为重点，解放思想，深化改革，统筹规划，突出重点，凝心聚力，扎实工作，稳步推进学院事业快速、协调发展。

2013 年 9 月，天津大学首届生物科学专业本科生及生物学研究生入学（图 1–3），包括本科生 24 名，研究生 8 名（其中博士生 1 名）。2013 年年底完成实验室和基础设施初步建设，第 15 教学楼投入使用。成立了综合办公室和实验中心，以更好地为全院师生提供服务。

图 1–3　天津大学生命科学学院首届暨 2013 级新生合影

前排左起：田浩、刘立山、杨海涛、赵剑、张蕾、于晓方、王涛、杨英、卜鲦旭、郭帅
二排左起：杨柳、张丽琳、赵经文、武晓丽、华德平、谢伟、陈成、袁文肃、秦晓红、宫晓群、彭鑫
三排左起：钟玉霞、侯文、刘嘉舒、陈卓芝、赵晴、陈织虹、李婷、梁伟姿、孟瑾、王林鹤、张焱凤、姜雅婷、刘畅、张晓红
四排左起：李雪平、李艳红、李开扬、常天赐、王镐锋、蔡锦
五排左起：胡金鑫、邹友鹏、张宇恒、徐博、董立根、张天晴、孔佳、孙龙、汪洋、孔维翰、刘焕炜、李宇辰、宗俊杰、聂旭鸿

2014 年，生命科学学院公共仪器平台已基本搭建完成，建立了本科教学实验室。举办首届学院专业建设研讨会，邀请教育部专业指导委员会委员及校外专家指导教学工作。

2015 年，成功举办第二届生命科学学院专业建设研讨会。牵头组建“天津市微纳生物材料与检疗技术工程中心”。与药学院联合举办第三届现代健康科学研讨会，邀请 17 名来自海外知名高校、研究机构的青年学者做报告。生命科学学院 iGEM 代表队首次参加国际基因工程机器大赛（iGEM），获得一块金牌和两个单项第一。

2016 年，首届硕士研究生 7 人毕业，一次就业率 100%。首次举办生命科学学院野外实习作品展。学院重点加强学科建设工作，牵头申报了生物学天津市第五期重点一级学科，组织了天津市微纳生物材料与检疗技术工程中心技术委员会会议。研究生科研先进个人相继涌现，博士生郑斌、硕士生田宏亮获天津大学第十五届学生科学奖；博士生郑斌获天津大学优秀学生标兵奖。生命科学学院学生会被评为天津大学优秀学生会。

2017 年，首届生物科学专业本科生 24 人毕业。实到科研经费 1 073 万元，学院科研经费首次突破千万元。生物学获批天津市第五期重点一级学科。学院本科生首次参加天津市大学生生命科学基本实验技能竞赛，获二等奖 6 项、三等奖 6 项；学院获优秀组织奖。王汉杰入选首批天津市青年人才托举工程。

2018 年，师资队伍建设得到进一步加强，引进国家杰出青年基金获得者 1 人。获批天津市生物大分子结构功能与应用重点实验室。获天津市自然科学一等奖 1 项。

2019 年，学院设立结构与分子生物学研究所、微生物与免疫学研究所、纳米生物医学研究所。“微生物学”入选学校第一批“课程思政”示范课，“环境与健康”入选第一批新工科通识课程立项。青年教师刘斯以第一作者身份在《Science》杂志上发表 1 篇研究论文。获天津市科技进步二等奖 1 项，吉林省科技进步一等奖 1 项。

2020 年，生物科学专业获批教育部首批“强基计划”改革试点。成立 3 个本科教学研究组，分别为结构与分子生物学教研组、微生物与免疫学教研组和纳米生物医学教研组，梳理专业核心课程，建立生物化学、微生物学、细胞生物学、遗传学等课程组。举办首届生物学博士研究生学术论坛。牵头承担科技部重点研发项目“正交化蛋白质元件的人工设计与构建”。博士研究生王镐锋以并列第一作者身份在《Cell》杂志上发表 1 篇研究论文。常津获评享受国务院政府特殊津贴专家，黄金海团队荣获天津市创新人才推进计划重点领域创新团队，陈庆锋获批天津市杰出青年基金项目，王生入选第三批天津市青年人才托举工程。2020 年 4 月，启动学院“十四五”规划编制工作。

2021 年，生物科学专业获批国家级一流本科专业建设点，入选国家基础学科拔尖学生培养计划 2.0 基地。王汉杰、王生、乔安娜入选国家级青年人才项目。牵头申报“合成生物医药”学科群成功入选天津市首批高校服务产业特色学科群建设名单。“微生物学（双语）”“微纳米生物技术”“野外综合实习”获批天津市一流本科建设课程。学院入选天津大学首批课程思政示范学院。科学制定《天津大学生命科学学院“十四五”发展规划（2021—2025 年）》。成立生命科学学院本科教学工作指导委员会、研究生教学督导组，制定《天津大学生命科学学院本科教学工作指导委员会章程》《天津大学生命科学学院研究生教学督导工作条例（试行）》。提升学术治理能力，成立生命科学学院学术委员会。举办天津大学第一届“瑞普生物杯”大学生生命科学基本实验技能竞赛。

2022 年是生命科学学院成立十周年。举办了学院成立十周年庆祝大会暨生命科学前沿论坛（图 1–4），《天津大学报》对学院十年办学历程进行了报道（本书附录 8）。获批教育部首批重点领域虚拟教研室建设试点。获批天津大学首批导辅协同育人试点学院。首次设立生命科学学院华科泰企业奖学金。学院首次轮值负责医学试验班（新医科）大类工作，首批 4 名非全日制工程博士顺利入学。进一步完善学位论文质量全过程多级监控体系，首次实行硕、博研究生全盲审制度。新增建设生物与医药工程博士点，完成导师选聘。学院横向科研经费 271 万元，取得重大突破。

2023 年，与中国农业大学联合申报的动物病毒学课程虚拟教研室获批教育部第三批虚拟教研室建设试点。与天津瑞普生物技术股份有限公司联合获批“天津市动物健康创新联合体”，天津大学生物科普基地获批天津市科普基地。获批国家重点研发计划青年项目“人工合成嗅觉传感系统”、国家自然科学基金原创探索项目“酶促 DNA 从头合成新方法”。王汉杰获天津市杰出青年科学基金项目资助。王生入选斯坦福大学 2023 全球前 2% 顶尖科学家。举办第一届蛋白质设计与应用学术会议。优化学院公共仪器平台空间布局，新增大型设备 10 台件，完成院级生物安全二级实验室升级改造。开展首批生物科学（强基计划）动态管理工作，共 26 人参与转段，其中转段本院直博生 10 人。与药学院重组天津大学学位委员会第十二分委会，与化工学院、医学部、药学院组建生物与医药工程学位类别工程组。经 2023 年 7 月 28 日学校十一届第 11 次党委常委会研究决定，原医学部更名为医学院，由医学院、药学院、生命学院组建新“医学部”。自此生命科学学院进入了新的发展阶段。

图 1-4　天津大学生命科学学院十周年院庆活动合影

前排左起：叶升、王世斌、李斌、陈佺、杨贤金、饶子和、元英进、张蕾、杜青、张振
二排左起：武璇、郑斌、王涛、张玲、李一昂、常津、李振宇、明东、潘峰、王汉杰、尚洁、刘海楠
三排左起：张丽琳、武晓丽、王生、刘一、王泽方、黄金海、李振鲁、轩维民、李泽兴、刘夺、刘培源、李勇、彭予心、杨柳、张银兴、朱春凤、刘慧明

第四节　机构设置

一、领导班子

2013 年 6 月，经学校九届第 4 次党委常委会研究决定，成立中国共产党天津大学生命科学学院直属党支部，原天津大学生命科学与生物技术学院筹备工作领导小组副组长张蕾任直属党支部书记。2014 年 10 月，成立中国共产党天津大学生命科学学院总支部委员会，张蕾任党总支书记。2019 年 10 月，成立中国共产党天津大学生命科学学院委员会，李一昂任党委副书记（主持党委工作）。2020 年 6 月，李一昂任党委书记。2023 年 11 月，经学校十一届第 19 次党委常委会研究决定，任命牛志广同志为生命科学学院党委书记。生命科学学院直属党支部、党总支、党委领导名录见表 1-1。

2015年7月，经学校九届第45次党委常委会研究决定，聘任 Jay Siegel 为生命科学学院院长。Jay Siegel 同时兼任药学院院长。2019年7月，经学校十届第34次党委常委会研究决定，聘任叶升为生命科学学院院长，主持学院全面工作。生命科学学院行政领导名录见表1-2。为培养锻炼青年干部教师，学院设置了院长助理岗位，院长助理名录见表1-3。

表1-1　生命科学学院直属党支部、党总支、党委领导名录

<table>
<tr><td>直属党支部书记</td><td>任职时间</td><td>直属党支部副书记</td><td>任职时间</td></tr>
<tr><td>张蕾</td><td>2013.06—2014.10</td><td>赵剑</td><td>2013.07—2014.10</td></tr>
<tr><td>党总支书记</td><td>任职时间</td><td>党总支副书记</td><td>任职时间</td></tr>
<tr><td rowspan="2">张蕾</td><td rowspan="2">2014.10—2019.10</td><td>赵剑</td><td>2014.10—2018.04</td></tr>
<tr><td>刘立山</td><td>2018.04—2019.09</td></tr>
<tr><td>党委书记</td><td>任职时间</td><td>党委副书记</td><td>任职时间</td></tr>
<tr><td>李一昂</td><td>2020.06—2023.11</td><td>李一昂
（主持工作）</td><td>2019.10—2020.06</td></tr>
<tr><td>牛志广</td><td>2023.11—</td><td>尚洁</td><td>2020.11—</td></tr>
</table>

表1-2　生命科学学院行政领导名录

<table>
<tr><td>院长</td><td>任职时间</td><td>副院长</td><td>任职时间</td></tr>
<tr><td rowspan="3">Jay Siegel</td><td rowspan="3">2015.07—2019.07</td><td>赵剑</td><td>2013.07—2018.04</td></tr>
<tr><td>杨海涛</td><td>2014.06—2017.06</td></tr>
<tr><td>刘一
（挂职）</td><td>2016.09—2017.09</td></tr>
<tr><td rowspan="4">叶升</td><td rowspan="4">2019.07—</td><td>黄金海</td><td>2019.10—2022.06</td></tr>
<tr><td>韩远彬
（挂职）</td><td>2019.11—2020.11</td></tr>
<tr><td>王涛</td><td>2022.06—</td></tr>
<tr><td>王汉杰</td><td>2022.06—</td></tr>
</table>

表1-3　生命科学学院院长助理名录

<table>
<tr><td>院长助理
（实岗锻炼）</td><td>任职时间</td><td>院长助理
（院聘）</td><td>任职时间</td></tr>
<tr><td rowspan="2">王玉</td><td rowspan="2">2022.10—2023.10</td><td>乔安娜</td><td>2022.10—2024.10</td></tr>
<tr><td>王生</td><td>2022.10—2024.10</td></tr>
</table>

二、综合行政管理机构

生命科学学院正式成立后，2013 年成立了综合办公室，管理干部、辅导员、实验技术人员合署办公，在学院建设初期承担了大量开创性的工作。学院办公室主任、副主任、副科级秘书名录见表 1–4，党务秘书、组织员名录见表 1–5。随着学院公共仪器平台逐步建成投入使用，2014 年成立了实验中心，承担公共仪器平台运行管理、设备管理、本科实验教学及生物安全培训等工作，实验中心负责人名录见表 1–6。2013 年 10 月，成立中国共产主义青年团天津大学生命科学学院总支部。2016 年 6 月，成立中国共产主义青年团天津大学生命科学学院委员会。学院团总支、团委、学工办负责人名录见表 1–7。

目前，综合办公室共有管理人员 4 人（卜繁旭、武璇、张银兴、彭予心），实验中心共有教师 4 人（杨柳、朱春凤、李勇、刘晶），学生工作办公室、团委共有辅导员 5 人（孙万蜜、王茜、李泽兴、刘海楠、郭旭）。

表 1–4　生命科学学院办公室主任、副主任、副科级秘书名录

<table>
<tr><th>办公室主任</th><th>任职时间</th><th>副科级秘书</th><th>任职时间</th></tr>
<tr><td rowspan="4"></td><td rowspan="4"></td><td>刘立山</td><td>2013.01—2013.11</td></tr>
<tr><td>办公室副主任</td><td>任职时间</td></tr>
<tr><td>卜繁旭</td><td>2013.11—2016.05</td></tr>
<tr><td>田浩</td><td>2015.12—2018.07</td></tr>
<tr><td rowspan="3">卜繁旭</td><td rowspan="3">2016.05—</td><td>武璇</td><td>2019.01—2021.09</td></tr>
<tr><td>张银兴</td><td>2021.09—</td></tr>
</table>

表 1–5　生命科学学院党务秘书、组织员名录

职务	姓名	任职时间
党总支秘书（副科级）	郭艳余	2016.12—2018.03
党总支秘书（正科级）	郭艳余	2018.03—2018.11
党总支组织员（正科级）	郭艳余	2018.11—2019.10
党委组织员（正科级）	郭艳余	2019.10—2021.08
党委组织员（正科级）	武璇	2021.09—

表 1–6　生命科学学院实验中心负责人名录

实验中心副主任	任职时间
杨柳	2021.04—

表 1–7　生命科学学院团总支、团委、学工办负责人名录

团总支副书记	任职时间
刘立山	2013.10—2015.01
团总支书记	任职时间
刘立山	2015.01—2016.10
学工办主任、团委书记	任职时间
刘立山	2016.10—2018.04
孙万蜜	2018.06—2024.03
王茜	2024.03—
正科级秘书	任职时间
孙万蜜	2024.03—

三、学术管理机构

2019 年 4 月，学院党政联席（扩大）会研究决定，根据学科和科研方向以及今后的学科发展布局，设立 3 个研究所，研究所中英文名称定名为结构与分子生物学研究所（Institute of Structural and Molecular Biology）、微生物与免疫学研究所（Institute of Microbiology and Immunology）、纳米生物医学研究所（Institute of Nano-biomedicine）。首任所长分别为米立志、黄金海、常津（表 1–8）。

表 1–8　生命科学学院研究所所长名单

序号	研究所名称	所长
1	结构与分子生物学研究所	米立志
2	微生物与免疫学研究所	黄金海
3	纳米生物医学研究所	常津

2021 年 11 月，学院进行了学术委员会组建工作，选举产生了学术委员会主任、副主任、委员，聘请了秘书，完成了天津大学生命科学学院学术委员会（2021—2025）的组建，成员名单如下。

主　任：叶升

副主任：常津、黄金海、王汉杰

委　员：林志、米立志、王生、王涛、王泽方

秘　书：张银兴

2023 年 6 月，召开学院学术委员会会议，调整了副主任人选，增补 2 名委员，成员名单如下。

主　任：叶升

副主任：常津、王涛、王汉杰

委　员：黄金海、林志、米立志、王生、王泽方、轩维民、乔安娜

秘　书：张银兴

四、教学管理机构

2021 年 4 月，学院成立第一届本科教学工作指导委员会，制定了《天津大学生命科学学院本科教学工作指导委员会章程》。本科教学工作指导委员会依据学校的教育方针和相关文件规定、遵循教育教学规律开展工作，负责对学院本科教学发展规划、教学管理、质量控制、教学研究与改革等方面提出建议和意见。第一届本科教学工作指导委员会成员名单如下。

主　任：叶升

副主任：黄金海

委　员：王涛、王汉杰、王泽方、米立志、宫晓群、常津、彭鑫

秘　书：武晓丽、袁文肃

2021 年 4 月，学院成立 3 个本科教学研究组，分别为结构与分子生物学教研组、微生物与免疫学教研组和纳米生物医学教研组（表 1–9），制定了《天津大学生命科学学院本科教学研究组工作细则（试行）》。2023 年 4 月，纳米生物医学教研组组长调整为武晓丽，秘书调整为刘夺。

表 1–9　生命科学学院本科教学研究组成员名单

<table>
<tr><th>序号</th><th>教研组名称</th><th>组长</th><th>副组长</th><th>秘书</th></tr>
<tr><td>1</td><td>结构与分子生物学</td><td>王泽方</td><td>祝诚</td><td>袁文肃</td></tr>
<tr><td>2</td><td>微生物与免疫学</td><td>彭鑫</td><td>张丽琳</td><td>华德平</td></tr>
<tr><td rowspan="2">3</td><td rowspan="2">纳米生物医学</td><td>王汉杰</td><td rowspan="2">宫晓群</td><td>武晓丽</td></tr>
<tr><td>武晓丽</td><td>刘夺</td></tr>
</table>

2021年6月，学院成立第一届研究生教学督导委员会，制定了《天津大学生命科学学院研究生教学督导工作条例（试行）》。督导工作围绕研究生教育中心任务和综合改革的发展目标，本着实事求是的精神，开展对学位与研究生教育全过程的检查、监督、指导和评价，并对研究生教育改革进行探讨与研究，在发现问题和总结经验的基础上，推广研究生教育的经验，为学院提供决策依据，对研究生教育的发展提出建设性的意见与建议，发挥参谋作用。第一届研究生教学督导委员会成员名单如下。

主任：叶升

委员：常津、黄金海、米立志、彭鑫、王汉杰、王涛、王泽方

秘书：张丽琳

·第二章　人才培养·

第一节　本科生教育

一、生物科学专业介绍

生物科学专业紧密围绕“健康中国”战略，依托工科背景，强化“生物设计与智造”特色，协同发展合成生物学、生化与分子生物学、微生物免疫学、纳米生物学、生物信息与生物安全等新兴前沿方向，汇聚国内外优秀师资，围绕生物科学前沿和经济发展的需求，开展深入系统的生物学前沿问题自主创新研究和应用基础研究。

坚持面向世界科技前沿、面向经济主战场、面向国家重大需求、面向人民生命健康，全面贯彻党的教育方针，落实立德树人根本任务，遵循教育规律，加快建设高质量基础学科人才培养体系。截至 2023 年，已累计培养 7 届本科毕业生，人才培养质量得到社会和行业的广泛认可。2020 年，生物科学专业入选教育部首批“强基计划”改革试点；2021 年，生物科学专业获批国家级一流本科专业建设点，入选国家基础学科拔尖学生培养计划 2.0 基地。依托生物学一级学科博士点，形成了从学士、硕士到博士学位的完整的人才培养体系，所在学科领域（生物与生物化学）位居 ESI（基本科学指标数据库）全球排名前 1%。

二、本科生招生情况

2013年，生物科学专业招收首届本科生，并逐步扩充招生规模；2018年，为培养基础厚、专业面宽、自主学习能力强的复合型人才，专业加入工科试验班（化工能源与生命医药类）大类招生；2019年，根据学校发展要求，专业加入理科试验班（生命科学类）大类招生；2021年，为全面深化医科一体化发展，生物科学专业加入医学试验班（新医科）大类招生，学生经过1年的大类培养后分流至生物科学专业学习。2020年生物科学专业入选教育部“强基计划”后，生物科学专业招生人数由2个教学班减至1个教学班，以支持“强基计划”人才培养建设。

2020年，生物科学专业招收首批“强基计划”学生，学生以“强基计划”批次录取。截至2023年，生物科学（强基计划）专业以全国中学生生物学竞赛全国决赛二等奖作为第二类考生身份录取了2名学生。

2022年，首次面向当年学校招收的全日制本科在校生以入校选拔的方式招收生物科学（拔尖班）本科生进入到生物科学（拔尖班）专业培养。

经过十余年的建设，学院本科生学生人数有所增长，历年本科生招生人数见表2-1。2023年本科生在学人数达到276人，从人数指标上看，已由一个小专业发展成为中等规模专业。2013—2023级本科生入学名册见本书附录1。历届毕业生合影见本书附录9。

表2-1　2013—2023年本科生招生人数

招生专业 / 招生年份	生物科学	生物科学（强基计划）	生物科学（拔尖班）
2013	28	—	—
2014	53	—	—
2015	31	—	—
2016	40	—	—
2017	59	—	—
2018	45	—	—
2019	55	—	—
2020	27	30	—
2021	28	29	—
2022	25	30	18
2023	28	29	20

注：生物科学专业自2018年起招生人数为大类分流后的人数。

三、本科生培养方案

经过多年的探索与实践，已形成天津大学生物科学专业培养目标：以提升科研创新能力为主，围绕生物科学前沿和经济发展的需求，坚持“致高、致用、致远”的教育理念，致力于培养具有家国情怀、全球视野、创新精神和实践能力的一流生物科学复合型人才。

为深入贯彻落实党的教育方针，全面深化本科教育教学综合改革，完善一流本科人才培养机制，2023年，学院根据生物科学专业人才培养工作实际，坚持以学生发展为中心，坚持高质量发展思路，修订完善培养方案，进一步更新教育理念和教学内容。

（一）生物科学专业

1. 专业学制与学位授予

标准学制：4年，学习年限3至6年，完成后授予理学学士学位。

2. 课程设置及学分分布

学生达到学校对本科毕业生提出的德、智、体、美、劳等方面的要求，完成培养方案课程体系中各教学环节的学习，最低修满147.5学分，其中，实践教学环节34.5学分，毕业设计（论文）12学分，毕业设计（论文）答辩合格，方可准予毕业。符合天津大学学士学位授予条件，可授予学士学位。

专业核心课程为普通生物学、生物化学、微生物学、细胞生物学、分子生物学、遗传学、生物化学实验、微生物学实验、细胞生物学实验、遗传学实验以及野外综合实习等。

（二）生物科学（强基计划）

根据教育部及天津大学相关要求，“强基计划”学生入学后一般不得调整专业。“强基计划”学生在一、二、三年级结束后开展强基计划流转工作。流转工作分为“强基计划”学生考核不合格强制退出、“强基计划”学生自主申请退出、学生申请转入强基计划三种类型。退出强基计划的学生，不再具有申请转入强基计划、拔尖计划和推荐免试攻读研究生的资格。

“强基计划”学生实行本—硕—博衔接培养，第三学年流转工作结束后所有生物科学（强基计划）专业学生均可获得转段资格，根据培养方案和衔接办法单独组织学籍转段。

学籍转段学生按照当年研究生招生录取有关工作程序，直接转入培养方案确定的硕士或博士相关专业继续培养。

1. 专业学制与学位授予

标准学制：4 年，完成后授予理学学士学位。

2. 课程设置及学分分布

学生达到学校对本科毕业生提出的德、智、体、美、劳等方面的要求，完成本科生培养方案课程体系中各教学环节的学习，最低修满 147 学分，其中，实践教学环节 36 学分，毕业设计（论文）12 学分，毕业设计（论文）答辩合格，方可准予毕业。符合天津大学学士学位授予条件，可授予学士学位，组织参与转段的学生进行学籍转段。

在专业核心课程的基础上，开设“强基计划”交叉课程，包括生物设计与建造（本研贯通）、纳米生物医学（本研贯通）、分子病原学（本研贯通）、化学生物学（本研贯通）。

（三）生物科学（拔尖班）

创新一流人才培养模式，鼓励学生进入本研贯通模式进行学习并继续深造。拔尖计划学生在一、二年级结束后开展拔尖计划流转工作。流转工作分为拔尖计划学生考核不合格强制退出和拔尖计划学生自主申请退出两种类型，退出学生转入到生物科学专业。

1. 专业学制与学位授予

标准学制：4 年，完成后授予理学学士学位。

2. 课程设置及学分分布

学生达到学校对本科毕业生提出的德、智、体、美、劳等方面的要求，完成本科生培养方案课程体系中各教学环节的学习，最低修满 147 学分，其中，实践教学环节 36 学分，毕业设计（论文）12 学分，毕业设计（论文）答辩合格，方可准予毕业。符合天津大学学士学位授予条件，可授予学士学位。

在专业核心课程的基础上，合理设置本研贯通课，让学有余力的学生可以提前学习研究生阶段的课程。将本专业开设的专业选修课优化整合，与部分研究生课程合并，开设“拔尖计划”交叉课程，包括高等生物化学（本研贯通）、生物医药技术（本研贯通）、生物材料设计与应用（本研贯通）、生物科学技术前沿（本研贯通）。

四、本科生教学改革

1. 课程体系建设

坚持探索以课程为抓手的人才培养质量提升路径，强化优质课程建设。目前，学院建有3门天津市一流课程、1门天津市特色课程（表2–2、表2–3），以示范课程建设带动教育教学质量逐步提升。持续完善具有生命学科特色的实践育人体系，以野外综合实习为依托，培养学生的观察能力、动手能力以及对未知事物的探索精神，在全新的课堂体验中加强知识的运用。学院开展野外综合实习情况曾被教育部网站专题报道（图2–1、本书附录8）。充分发挥高水平科研平台的人才培养作用，鼓励本科生入学后进入实验室轮转训练（图2–2），参与科研导师的课题研究，以多角度的科研训练和交叉融合的知识体系培养学生创新精神和实践能力，为复合型人才培养提供基础。

2. 教学改革项目建设

全面深化教育教学改革，提升人才培养质量，学院对标“强基计划”、国家级一流本科专业建设点、国家基础学科拔尖学生培养计划2.0基地等建设要求，在实践中持续深化提升，积极推进本科教学改革项目建设。截至2023年，学院获批天津市教学改革项目2项（表2–4）、天津大学教育教学改革项目21项（表2–5），获天津大学教学成果奖一等奖1项、二等奖3项（表2–6）。坚持落实立德树人根本任务，将思想政治教育贯穿人才培养体系，深化课程思政教育教学改革，提高学院人才培养质量，2021年学院获批天津大学首批课程思政示范学院，多年来，累计建设14项天津大学课程思政教改项目（表2–7）。

表2–2 天津市一流课程建设情况一览表

序号	获评年份	课程名称	负责人	课程类别
1	2021	微生物学（双语）	张蕾	线下课程
2	2021	微纳米生物技术	常津	线下课程
3	2021	野外综合实习	袁文甫	社会实践课程

表2–3 天津市特色课程建设情况一览表

序号	获评年份	课程名称	负责人	课程类别
1	2022	生物学综合设计	王汉杰	天津市创新创业教育特色示范课程

图 2-1　教育部网站专题报道学院开展野外综合实习情况

图 2-2　本科生开展实验室轮转训练

表 2-4　天津市教学改革项目一览表

序号	项目类别	项目名称	负责人	年份
1	重点	“强基＋拔尖”双轨路径下多学科交叉的生物科学创新人才培养模式研究与实践	李一昂	2023
2	一般	“一轴·双载·三驱·四协同”生命科学拔尖人才培养模式探索	叶升	2023

表 2-5　天津大学教育教学改革项目一览表

序号	项目类别	项目名称	负责人	年份
1	探索	多元多向强化引导性改进微生物学教学模式的探索	黄金海	2014
2	探索	基础生物学教学改革创新工程	杨海涛	2014
3	常规项目	生物学基础拔尖人才培养模式的探索与研究	彭鑫	2021
4	常规项目	创新人才培养模式改革与实践	祝诚	2021
5	常规项目	以培养学生创新思维为目标的混合式教学模式及配套考核评价体系的探索与实践——以“病毒学”为例	王涛	2021
6	常规项目	基于拔尖人才培养的生物化学综合性实验设计	李勇	2021

续表

序号	项目类别	项目名称	负责人	年份
7	常规项目	探索“以学生为中心”的生物化学教学评价体系改革	秦晓红	2021
8	常规项目	生物科学专业课程思政教学改革	武晓丽	2021
9	常规项目	基于“微生物学实验”，探索过程性考核与结果性考核有机结合的考评体系	杨柳	2021
10	常规项目	以教学和科研合作为基础的开放共享新模式的探索与实践	朱春凤	2021
11	常规项目	生物统计学在新冠疫情防控与诊疗中的应用实例分析及教学互动	陈成	2021
12	常规项目	新医科背景下构建多学科交叉融合的病毒学特色课程体系	王亚鑫	2021
13	人才培养综合改革专项	毕业设计（论文）改革的研究与实践	乔安娜	2021
14	常规项目	“强基计划”背景下生物专业拔尖创新人才培养模式改革与实践	王汉杰	2022
15	常规项目	聚焦“四新”建设，推进新医科大类赋能培养教学改革	武晓丽	2022
16	常规项目	基于疫情的线上线下相结合的实验教学模式探索——以微生物学实验为例	杨柳	2022
17	常规项目	生物化学实验线上线下混合教学模式的探索与实践	李勇	2022
18	常规项目	拔尖计划 2.0 背景下生物专业实验教学改革与实践——以细胞生物学实验为例	刘晶	2022
19	常规项目	遗传学实验课程“两线三段五环”混合式教学模式的探索与实践	朱春凤	2022
20	常规项目	新工科背景下生物科学专业创新人才培养模式改革与实践	康君	2022
21	校级通识教育课程	生殖的奥秘	宫晓群	2022

表 2-6　天津大学教学成果奖一览表

序号	获奖年份	成果名称	第一完成人	获奖情况
1	2017	多途径强化自主学习，提升微生物学教学质量的探索与实践	黄金海	二等奖
2	2017	多元化的生物科学野外综合实习创新与实践	张蕾	二等奖
3	2021	基于 CCNS 理念的创新创业型人才培养探索与实践	常津	一等奖
4	2021	服务创新实践型人才培养混合式微生物学教学的探索与实践	张蕾	二等奖

表 2-7　天津大学课程思政教改项目一览表

序号	项目类别	项目名称	负责人	批次
1	课程建设类	微生物学	张蕾	第一批
2	课程建设类	免疫学	黄金海	第二批
3	课程建设类	发育生物学	武晓丽	第二批
4	课程建设类	野外综合实习	袁文肃	第三批
5	课程建设类	病毒学	王涛	第三批
6	案例库建设	“润物无声”式生物学科思政案例库	华德平	第三批
7	课程建设类	生物信息学	张丽琳	第四批
8	课程建设类	生物化学	秦晓红	第四批
9	课程建设类	病毒与人类健康	王亚鑫	第四批
10	课程建设类	微生物学实验	杨柳	第四批
11	课程建设类	遗传学	华德平	第四批
12	研究与实践项目	生物智造课程思政育人实践	祝诚	第四批
13	研究与实践项目	“以赛促教”背景下探索思政教育与专业实验教学的深度融合与实践——以遗传学实验课程为例	朱春凤	第四批
14	研究与实践项目	基于 STEAM 理念的生物实验课程思政教学实践与创新	刘晶	第四批

第二节　研究生教育

生命科学学院现有生物学、生物与医药两个研究生招生专业，其中生物学专业招收学术型硕士研究生、学术型博士研究生，生物与医药专业招收工程型博士研究生。2011 年生物学一级学科博士点经教育部批准授权，2013 年学院招收首批生物学研究生，2017 年生物学获批天津市第五批重点一级学科。2023 年学院获批生物与医药工程型博士研究生招生资格，并招收首批生物与医药工程型博士研究生。

一、研究生培养方案

（一）生物学专业

1. 专业介绍

生物学是自然科学的一个门类，是研究生物的结构、功能、发生和发展规律，以及生物与周围环境等关系的科学。生命科学学院瞄准学术前沿和国家需求，以危害人类健康的重大疾病为主要研究目标，应用现代分子与细胞生物学、结构生物学及基因组、蛋白质组、代谢组学等研究技术手段，从细胞、分子、三维原子结构等不同水平，多层次深入开展揭示生命活动基本规律的基础性研究，以及服务于医学、农业、生物学相关技术等的应用开发性研究。

2. 专业培养目标

（1）生物学学术型硕士研究生培养目标

掌握生物学坚实宽广的基础理论和系统深入的专门知识，以及生物学现代实验方法和技能。了解并掌握生物学发展的前沿和动态，能够运用所掌握的基础理论、专门知识及生物学工具解决科学研究或生产实践中的问题，具有从事生物科学研究、教学、管理或独立开展生物相关技术研发工作的能力。培养具有家国情怀、全球视野、创新精神和实践能力的卓越人才和德智体美劳全面发展的社会主义建设者和接班人。

（2）生物学学术型博士研究生培养目标

培养具有家国情怀、全球视野、创新精神和实践能力及在生物学学科领域全面发展的卓越人才。本学科博士生系统掌握坚实而宽广的生物学科学知识和现代实验技术，了解所研究领域的历史、现状和发展动态；能独立承担与本学科有关的研究课题；掌握计算机技术、化工、精密仪器等学校优势学科在本学科研究领域中的综合应用；至少熟练掌握一门外语，一般为英语。

学位论文应具有较明显的学术意义或应用价值的创新性研究成果。学位获得者具有良好的科学文化素养和独立从事生命科学研究的实际能力，在科学或专门技术上作出创造性的成果，有严谨的科研作风和良好的合作精神。

3. 专业学制

硕士研究生基本学习年限 3 年，博士研究生基本学习年限 4 年，直博生基本学习年限 5 年。

（二）生物与医药专业

1. 专业介绍

生命科学学院于 2023 年招收首批生物与医药专业学位博士研究生。生物与医药专业培养从事生物与医药工程科研开发，熟练掌握生产加工工艺的复合型高级工程技术及管理人才。学生具有从事生物与医药专业科学研究工作的表达能力、管理能力、创新能力以及利用生物与医药技术解决企业关键技术问题的能力。

2. 专业培养目标

培养生物与医药领域的工程技术人才。学位获得者应具有相关工程技术领域坚实宽广的理论基础和系统深入的专门知识，具备解决复杂工程技术问题、进行工程技术创新以及规划和组织实施工程技术研究开发工作的能力，在推动产业发展和工程技术进步方面作出创造性成果。

3. 专业学制

博士研究生基本学习年限 4 年。

二、研究生教学改革

生命科学学院坚持把立德树人作为根本任务，持续推进研究生教学研究与改革。学院以促进研究生的全面发展为主线，构建“三层次、四维度、全覆盖”的质量监督和保障体系。2021 年，成立研究生教学督导委员会，首届督导委员会主任为叶升教授，委员会围绕研究生教育中心任务和综合改革的发展目标，对研究生教育的发展提出建设性的意见与建议，发挥参谋作用，为学院提供决策依据。学院实行研究生导师思政育人功能计划，2022 年，获批天津大学首批导辅协同育人试点学院。探索建立以导师为第一责任主体的研究生培养机制，改革研究生导师评定机制，将导师岗位与招生资格分开评定。常津教授获评享受国务院政府特殊津贴专家、全国优秀科技工作者等荣誉称号。常津、王涛、王生等多位教师获评天津大学“我心目中的十佳好导师”。王生教授作为“我心目中的十佳好导师”代表在学校 2022 年优秀教师表彰大会暨新教师入职仪式上发言（图 2–3）。

生命科学学院严把研究生招生“入口关”，不断提升研究生生源质量。研究生招生是学院践行研究生教学改革的重要内容。2013 年，生命科学学院举办首届生物学研究生招生夏令营（图 2–4），入营营员 23 人。到 2023 年，天津大学生物学研究生招生夏令营报名人数已达到 500 余人，来自全国近百所高校。2019 年，学院组织教师赴东北地区、西北地区、山东地区、两湖地区高校进行研究生招生宣传，进一步提高了研究生生源质量。

2023 年，生命科学学院开展首批生物科学（强基计划）本科生转段接收工作，转段至本学院继续深造学习的学生 20 人，其中直博生 10 人。学院采用多种方式进行选拔，包括普通招考、招生夏令营、推荐免试、导师团计划、直接攻博、硕博连读、校内招考等，生源质量逐年提高。2013—2023 年研究生招生人数见表 2-8。2013—2023 级研究生入学名册见本书附录 2。历届毕业生合影见本书附录 9。

图 2-3　王生教授在学校优秀教师表彰大会暨新教师入职仪式上发言

图 2-4　天津大学首届生物学研究生招生夏令营（2013 年）

表 2-8 2013—2023 年研究生招生人数

招生年份＼招生类型	生物学学术型硕士	生物学学术型博士	生物与医药专业型博士
2013	8	1	—
2014	21	7	—
2015	25	5	—
2016	26	7	—
2017	43	7	—
2018	41	8	—
2019	44	11	—
2020	45	11	—
2021	54	15	—
2022	52	18	4
2023	51	19	6

生命科学学院注重研究生学术氛围营造，为开拓学生视野、促进学术交流以及提升研究生学术水平搭建平台。学院于 2020 年开始举办天津大学博士研究生学术论坛生物学分论坛（图 2-5），2021 年联合化工学院、理学院、药物科学与技术学院、材料科学与工程学院、分子 + 研究院、分子聚集态科学研究院共同举办天津大学首届博士生交叉学术论坛，2022 年将研究生中期考核与博士生论坛相结合，进一步提高了研究生培养质量，强化了研究生培养过程监管。学院高度重视培养学生的国际视野和创新精神，推荐优秀研究生参加国际交流项目。2017 级硕士研究生迟恒受国家留学基金管理委员会（CSC）资助，连续两年参与暑期短期国际交流活动，2018 年暑期作为优秀硕士生代表赴以色列理工学院进行交流，2019 年暑期赴法国里尔大学进行交流。博士研究生郑斌于 2016 年依托中德（CSC-DAAD）博士后奖学金项目赴德国柏林自由大学进行学术交流，增进了双方团队在纳米生物技术领域的合作，并以此为基础发表了多篇研究论文。

生命科学学院积极打造创新型研究生人才培养平台。学院积极鼓励和引导教师更新教育观念，深化教学改革，探索教学方法和手段，开展启发式、讨论式、案例式等研究型教学方式。自 2012 年建院至今，学院建有 4 门天津大学研究生学科核心课程（表 2-9），4 门天津大学研究生全英文课程（表 2-10），获批 7 项校级研究生教学改革项目（表 2-11）。常津教授 2022 年申报的项目“聚焦国家发展战略，培养具有创新精神和实践能力的纳米生物技术人才”获评天津大学研究生教育教学成果奖一等奖（表 2–12）。多名研究生获评市级、校级优秀博士论文（表 2–13）和优秀硕士论文（表 2–14）。

图 2–5　天津大学博士研究生学术论坛生物学分论坛（2020 年首届）

表 2–9　天津大学生物学研究生学科核心课程建设情况一览表

序号	获评年份	课程名称	负责人	课程类别
1	2021	结构生物学前沿	叶升	博士生课程
2	2021	分子微生物学前沿	黄金海	博士生课程
3	2021	纳米生物学	常津	博士生课程
4	2021	高等生物化学	林志	硕士生课程

表 2–10　天津大学生物学研究生全英文课程建设情况一览表

序号	课程名称	负责人	项目类别
1	基因与蛋白质工程	王泽方	全英文课程
2	医学病毒学	王涛	全英文课程
3	分子免疫学	黄金海	全英文课程
4	高等细胞生物学	张丽琳	全英文课程

表 2-11　天津大学生物学校级研究生教学改革项目一览表

序号	项目名称	负责人	项目类别	立项年份
1	分子免疫学专题化课程体系的创新实践	黄金海	课程教改	2015
2	“分子微生物学”课程体系的探索与实践	张蕾	课程教改	2016
3	“现代生物学实验技术”教学改革探索	杨英	课程教改	2016
4	从研究课题的实践出发培养创新性、复合型生物学人才	陈成	创新实践	2018
5	基于创新型人才培养的“现代生物学实验技术”教学改革	杨英	课程教改	2018
6	新工科背景下纳米生物学课程思政助力创新型人才培养模式研究	常津	课程思政	2022
7	“一中心、双资源、三融合”的校企共建课程建设与实践	宫晓群	校企共建课程	2023

表 2-12　天津大学研究生教育教学成果奖一览表

序号	项目名称	成果完成人	获奖情况	获奖年份
1	聚焦国家发展战略，培养具有创新精神和实践能力的纳米生物技术人才	常津、武晓丽、王生、宫晓群、王汉杰、康君	一等	2022

表 2-13　生命科学学院研究生获得优秀博士论文情况一览表

序号	论文题目	作者姓名	导师姓名	等级	年份
1	稀土上转换纳米光控系统构建及其生物医学应用初探	郑斌	常津	市级	2019
2	稀土上转换纳米光控系统构建及其生物医学应用初探	郑斌	常津	校级	2017
3	两种防治寨卡病毒策略的结构机制研究	陈侠	杨海涛	校级	2018
4	肿瘤微环境响应的可控纳米药物在癌症诊疗中的研究	陈静	常津	校级	2019
5	基于等温扩增技术构建 microRNA 纳米检测传感器的初步研究	陈明慧	常津	校级	2020
6	微纳米细菌、病毒和蛋白质生物治疗系统的构建与应用初探	张英英	常津	校级	2021
7	与新冠病毒入侵相关的宿主蛋白酶的结构和抑制剂研究	王镐锋	杨海涛	校级	2023

表 2–14　生命科学学院研究生获得优秀硕士论文情况一览表

序号	论文题目	作者姓名	导师姓名	等级	年份
1	寨卡病毒解旋酶的结构与功能研究	田宏亮	杨海涛	校级	2017
2	基于磁致荧光淬灭性能的双模态免疫层析检测技术初探	张博	常津	校级	2018
3	末端转移酶介导的反转录 PCR 用于检测肝损伤标志物 microRNA	朴佳芳	常津	校级	2019
4	可渗透纳米颗粒用于缓解糖尿病性白内障的初步研究	李露	宫晓群	校级	2020
5	微尺度材料辅助性食源性致病菌及毒素分子检测技术研究	曹爱萍	黄金海	校级	2021
6	EV71 3C 蛋白酶的可逆共价抑制剂抗病毒活性研究	刘美君	叶升	校级	2021
7	大别班达病毒诱导细胞自噬以促进病毒复制的机制研究	苏雅芝	王涛	校级	2022
8	禽流感病毒分离株分子特性及酵母负载疫苗免疫效力研究	解濡语	黄金海	校级	2023
9	天然产物对 α–葡萄糖苷酶 / α–淀粉酶的抑制作用及其互作机制的研究	李欢	彭鑫	校级	2023

第三节　学生工作

一、学生工作机构

党委学生工作办公室负责学生工作，与学院团委合署办公。学院党委学生工作办公室负责学院本科生与研究生思想政治教育工作，主要开展学生思想政治教育和日常管理、学生党建、奖励资助、就业指导、校园网络文化建设、宿舍管理与文化建设、国防教育、心理健康教育、劳动教育等与大学生学习生活关系密切的工作。学院团委紧密围绕立德树人的根本任务，牢牢把握增强政治性、先进性、群众性的改革要求，深化高校共青团改革，开展创新创业教育、美育教育等工作，不断提升团组织在青年师生中的引领力、组织力、服务力，努力培养德智体美劳全面发展的社会主义建设者和接班人。学生工作办公室、团委人员名单见表 2–15。

表 2–15　学生工作办公室、团委人员名单

职务	姓名	任职时间	备注
学工办主任、团委书记	刘立山	2016.10—2018.04	
	孙万蜜	2018.06—2024.03	
	王茜	2024.03—	
正科级秘书	孙万蜜	2024.03—	
辅导员	郭帅	2013.09—2015.07	兼职辅导员
	郭艳余	2014.07—2018.07	
	武璇	2016.06—2019.03	兼职辅导员
	刘慧明	2019.07—2023.05	
	刘海楠	2022.07—2024.07	2+N 辅导员
	郭旭	2023.07—	2+N 辅导员
	李泽兴	2024.01—	青年教师辅导员

二、重点工作

加强思想政治教育。统筹学生党建工作，建立党支部联学机制，建立院内学生党支部与教工党支部常态化共建交流机制，并与图书馆党支部、后勤机关党支部、退休机关党支部、机关党委保密办党支部、远教学院教工党支部等开展联学共建，提升党支部组织生活水平。建院后，先后组织学生党员开展党的群众路线教育实践活动、“三严三实”专题教育、“两学一做”学习教育、“不忘初心、牢记使命”主题教育、党史学习教育、学习贯彻习近平新时代中国特色社会主义思想主题教育、党纪学习教育等党内集中学习教育（图 2–6）。开设学生骨干培训班，聚焦学生骨干工作要求、工作重点、工作技能开展理论宣讲等系列培训。打造思政精品项目，开设“青马工程”培训班，依托思政教育和学科特色，组建思政理论宣讲团和生物科普宣讲团，举办“党的二十大我来讲”活动，深入社区开展思政宣讲（图 2–7），荣获天津大学学生思政宣讲大赛一等奖、三等奖各 1 项。组建生物科普宣讲团，结合学科特色，推动生物科普思政建设，以青少年为授课对象打造系列动植物科普课程，助力天津大学生物科普基地于 2023 年入选天津市科普基地。

图 2–6　生命科学学院前往红色教育基地开展研学活动

图 2–7　生命科学学院思政理论宣讲团开展系列宣讲活动

构建全员育人工作体系。学院持续完善全员育人工作体系，为新生全覆盖配备思政班主任、班主任与师友导师（图 2–8），聘任高年级学生担任学生班主任与学友导师，建立全员导师制的多元育人体系（图 2–9），获批天津大学首批导辅协同育人试点学院。2021 年为每位同学配备科研导师，全程指导学生参与各类科创竞赛与科研项目，聘任马克思主义学院李丽副教授担任思政班主任，聘请企业导师共同参与学生培养，在技术指导、实习实训、职业生涯规划等方面提供支持。2022 年制定《天津大学生命科学学院本科生全员导师制实施办法》，明确班主任、师友导师职责，将教师工作成效纳入绩效津贴考核办法，落实工作经费。

图 2-8　召开师友导师培训会，明确师友导师工作职责

图 2-9　开展“师生面对面”活动，邀请老师与同学们近距离接触

加强社会实践与劳动教育。落实大学生社区实践计划专项，与学府街社区共建天津大学 001 号社区实践工作基地。学生党支部、团支部、学生发展中心在四季村社区、碧华里社区、五大道街道、天津市自然博物馆、辛庄中学建立育人基地，通过军训服募捐、社区服务、主题宣讲、科普讲解等形式开展志愿服务活动（图 2-10）。2022 年碧华里劳动实践基地被评为天津大学劳动教育“赋能助力”计划首批示范基地。开展“津凤追羽”“生科知物行”等实践活动，获得全国大学生暑期实践队 TOP10，全国大学生社会实践成果“千校千项”优秀项目等荣誉（图 2-11、图 2-12）。2023 级“强基拔尖”联合团支部相关实践案例在学校 2023 年“我为青年办实事”品牌项目评比中获校级班团赛道十佳项目，学院团委获天津大学 2022—2023 年度“五四红旗团委”称号。2021 年学工队伍联合专业教师申报通识课程“生活中的趣味生物学”，建设第二课堂院级品牌金课“走进生活中

的生物科学”，组织学生开展野外实习（图 2-13）。

图 2-10　建设志愿服务基地，在社区开展志愿服务活动

图 2-11　开展“津凤追羽”支教活动

图 2-12　开展“生科知物行”实践活动，组织学生进入企业走访

图 2-13　组织学生开展野外实习

完善就业育人工作体系。坚持拓展就业岗位，与兄弟学院等联合举办新医科大类就业双选会。积极开展访企拓岗活动和“生科知物行”社会实践活动，举办“职行大篷车”，组织参观天士力、金域医疗等多家生物医药企业，先后建立天津瑞普生物、金域医疗、华科泰生物、博奥赛斯（天津）生物科技、荣昌制药、天津国际生物医药联合研究院、中科院苏州医工所天津研究院、江苏先声药业、天津博物馆、天津自然博物馆（北疆博物院）等实习实践基地，搭建交流合作平台（图 2-14、图 2-15）。落实就业服务，2023 年学院党委副书记尚洁作为负责人创建的海棠花辅导员工作室获批学校第一批辅导员工作室项目，依托工作室举办院级大学生职业规划大赛，开展职业规划、职场技能讲座，培养学生就业创业、职业规划能力，提升学生职业技能。

图 2-14　访企拓岗活动，搭建交流合作平台

图 2-15　走访生物医药企业、建立实习实践基地

加强学风建设与科研氛围营造。坚持传承和弘扬优良学风，开展优秀笔记、好作业和

实验报告评选活动，设立“学业辅导岗”，帮助学生克服学业困难（图 2–16）。组织科研导师指导学生开展国家级大学生创新创业训练计划等科研项目，举办天津大学生命科学基本实验技能竞赛、院级未来三十年颠覆性创新创想大赛、挑战杯等赛事（图 2–17、图 2–18、图 2–19），承办北洋大讲堂，举办生科午间沙龙、生科卓越讲坛等系列活动，营造浓厚的科研氛围（图 2–20）。

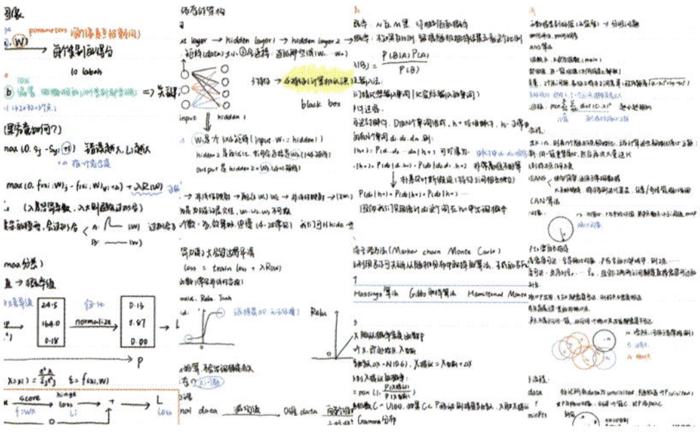

图 2–16　举办优秀笔记、好作业和实验报告评选活动，设立“学业辅导岗”

图 2–17　举办天津大学生命科学基本实验技能大赛

图 2–18　举办院级未来三十年颠覆性创新创想大赛、挑战杯等赛事

图 2-19　组织学生参加第八届中国国际“互联网 +”大学生创新创业大赛、国际基因工程机器大赛（iGEM）

图 2-20　承办北洋大讲堂，举办生科午间沙龙、生科卓越讲坛等系列活动

举办丰富的文体活动促进学生全面发展。结合学科特点，开展生科海棠季（图 2-21）、红叶季特色活动，制作植物标本。组织学生参加音乐会鉴赏，举办医科大类一年级毕业晚会、生命科学学院中秋晚会、院庆晚会、迎新晚会等文艺活动（图 2-22），举办趣味运动会、3.v.3 篮球赛、师生拔河比赛、羽毛球比赛、素拓运动会、荧光夜跑等体育活动

（图 2–23），丰富学生课余生活，促进学生德智体美劳全面发展。2022 年成立新医科体育工作组、美育工作组和劳动教育工作组，分别牵头开展各项育人活动，增进多元交流。

图 2–21　开展生科海棠季活动

图 2–22　举办院庆晚会、迎新晚会等文艺活动

图 2-23　举办趣味运动会、素拓运动会等体育活动

三、特色品牌活动

生科午间沙龙。学生工作办公室于 2019 年创办“生科午间沙龙”品牌活动，定期邀请专家教师及优秀学生带来学术报告及经验交流等（图 2-24），内容涉及学术、文学、艺术等多个领域，为师生打造交流分享平台，全方位提高学生综合素质，至今已举办近百场。

图 2-24　生科午间沙龙邀请各行业优秀师生进行报告与交流

生科知物行。学生工作办公室聚焦毕业生行业认知和就业服务，于 2020 年创办“生科知物行”品牌活动，带领青年走进企业，走进社会，深化校企结合（图 2-25），结合创新创业教育、实习实践、学生就业等工作内容，拓展校企合作基地，搭建校企合作平台，为学生高质量充分就业提供服务。

图 2-25　生科知物行系列活动带领学生实地参观走访多家生物医疗企业

海棠花工作室。2023 年学院党委副书记尚洁成立海棠花辅导员工作室，获批天津大学第一批辅导员工作室创建项目。海棠花工作室以就业育人为中心，聚焦高校毕业生就业工作中的重点与难点问题，先后开展职业生涯体验营、职行大篷车、校友生涯访谈、简历诊断、留学咨询等就业指导系列活动（图 2-26），形成辅导员、专业教师、思政课教师、用人单位等多方面全员协同的生涯教育体系，助力学生提升就业求职能力。

图 2-26　海棠花工作室开展生涯体验、简历诊断等系列活动，帮助学生提升求职能力

学生宣讲团。生命科学学院学生宣讲团以思政理论和生物科普为出发点，开展多次宣讲活动。在思政理论方面，学生深入学习贯彻习近平新时代中国特色社会主义思想，从党的历史、红色事迹、中国成就等方面，讲述“中国共产党为什么能，中国特色社会主义为什么好”的故事。在生物科普方面，学生发挥自身专业优势，为身边社区、家乡学校宣讲生物知识与专业特点，激发更多同学对于生命科学的热爱（图 2–27）。

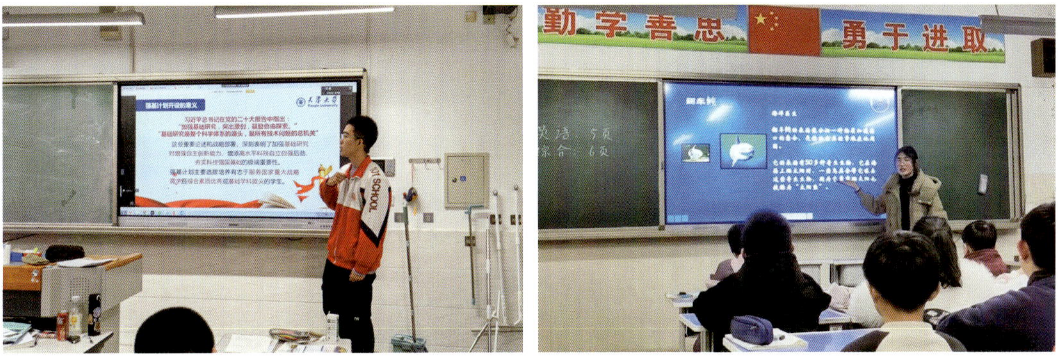

图 2–27　学生宣讲团开展思政理论与生物科普系列宣讲

“不走的支教”社会实践。学院多次组织学生前往甘肃宕昌、云南凤羽等地进行支教，为当地中小学生讲授生物科普知识、制作生物标本。疫情期间，为独自隔离的天津市辛庄中学小朋友们带去一对一温暖陪伴，互相鼓舞，抗击疫情。2023 年“拾光微漾 · 津凤追羽”实践队获得全国大学生暑期实践队 TOP10，受到多家媒体报道，在当地实现“不走的支教”（图 2–28）。

图 2–28　“拾光微漾 · 津凤追羽”实践队前往云南凤羽，被称为“不走的支教”

四、学生组织

（一）学生发展中心

2023 年学生工作办公室重新梳理整合学生社团和组织，成立生命科学学院学生发展中心，涵盖新媒体中心、文体中心、心理育人中心、奖助中心、社团团委、学生党建办公室等，致力于全方位培养学生能力，为学生学习生活创造积极向上、团结协作的良好氛围（图 2–29）。

图 2–29　学院学生发展中心组织开展多种多样的活动，丰富师生课余生活

新媒体中心以做好新时代网络思政为根本任务，创作多期原创性推文，以青年人喜闻乐见的方式运营学院学生工作公众号“天大生科学工”。

文体中心致力于丰富同学们的课余生活，举办篮球赛、羽毛球赛、趣味运动会、迎新晚会等各类文体活动，营造轻松愉悦的课余氛围。

心理育人中心关注广大同学的心理健康，开创心理树洞，聆听同学们的心声并积极回应，组织团体心理辅导及素质拓展活动、导演心理剧、组织参与心理素拓运动会等。

奖助中心在宿舍、实验室安全建设和学院综测评价改革中发挥积极作用，为公平公证开展学院奖助学金评比贡献自己的力量。

社团团委积极发挥思想引领作用，通过举办院级团日活动评比、院级五四红旗示范团支部评比等，加强学院各支部间的交流。

学生党建办公室致力于做好学院学生党建工作，指导学生党员进行材料整理，定期组织新党员集体入党宣誓、党建带头人论坛等党建活动。

（二）学生组织

学院学生组织包括院级学生会（研究生会）、院级学生科技创新创业协会、院级青年志愿者协会。各类学生组织积极开展工作，服务学院师生（图 2-30）。

图 2-30 学院各类学生组织积极开展工作，服务学院师生

院级学生会（研究生会）以习近平新时代中国特色社会主义思想为指导，以加强对学生的政治引领为根本，以全心全意服务学生为宗旨，是学院联系广大同学的桥梁纽带。同时，运营学院权益通道，及时反馈学生日常学习生活中遇到的权益问题并积极解决。学生会（研究生会）举办荧光夜跑、红叶季等活动，以青年带动青年，实现思想引领。

院级学生科技创新创业协会致力于打造良好的本科生科研氛围，举办“生科午间沙龙”，邀请各领域的优秀师生做经验分享与学术报告；组织“师生面对面”活动，打破师生间沟通壁垒，助力学生更好地接触科研。

院级青年志愿者协会组织各项志愿服务工作，带领同学们前往校外社区进行创文创卫、慰问老人、秩序维护等志愿活动。

五、学生工作成绩

在队伍建设方面，2021年至2023年连续三年获得天津大学学生工作优秀单位称号。2021年获得天津大学就业工作优秀单位。2022年获得天津大学学生工作十佳集体案例提名奖。学院团委荣获天津大学2022—2023年度、2023—2024年度“五四红旗团委”称号。

在党团班建设方面，2013级本科生联合团支部分别于2014年、2015年获得天津大学“五四红旗示范团支部新秀奖”、天津大学“五四红旗示范团支部”，2018级生科联合团支部2019年、2020年连续两年获评天津大学“五四红旗示范团支部”称号，2018级生科硕士生党支部、本科生党支部分别于2020年、2022年被评为校级先进集体，2021年至2023年学院研究生会连续三年被评为校级先进集体。2021年，本科生党支部获天津大学学生党支部“示范组织生活”三等奖、天津大学学生“十佳党日活动”。2022年，青年志愿者协会获评天津大学优秀院级志愿者协会标兵，学生会获评天津大学优秀院级学生会。2023年，本科生党支部在天津大学学生党支部示范组织生活评选中获评优秀“示范组织生活”。

在科技竞赛方面，积极鼓励和组织学生参加国际基因工程机器大赛（iGEM），累计获得6金1银1铜、3项单项奖和9项提名奖；参加“挑战杯”等大赛，累计获得省部级一等奖2项、二等奖4项；参加中国国际“互联网+”大学生创新创业大赛及中国国际大学生创新大赛，累计获得金奖5项、三等奖1项；参加全国大学生生命科学竞赛并获奖（表2-16）。学生竞赛获奖情况见本书附录3。

表2-16　科技竞赛奖项汇总表

竞赛名称	奖项级别	获奖等级	数量
国际基因工程机器大赛（iGEM）	国际级	金奖	6
		银奖	1
		铜奖	1

续表

竞赛名称	奖项级别	获奖等级	数量
“挑战杯”大学生课外学术科技作品竞赛	省部级	一等奖	2
		二等奖	3
“挑战杯”大学生创业计划竞赛	省部级	银奖	1
“创青春”中国青年创新创业大赛天津赛区	省部级	银奖	1
中国国际大学生创新大赛（2023）	国家级	高教主赛道金奖	1
中国国际“互联网＋”大学生创新创业大赛天津赛区	省部级	高教主赛道金奖	3
		青年红色筑梦之旅赛道金奖	1
		高教主赛道三等奖	1
全国大学生生命科学竞赛	国家级	二等奖	4
		三等奖	2
	省部级	一等奖	4
		二等奖	1
		三等奖	7
天津市大学生化学竞赛	省部级	二等奖	1
		三等奖	1
天津市大学生生命科学基本实验技能竞赛	省部级	一等奖	14
		二等奖	14
		三等奖	16

在社会实践方面，2015 年孤独手雷调研实践队获校级优秀团队，2018 年生科探野求索实践队获得天津大学暑期社会实践市级优秀实践队，2019 年梦支队实践团获得天津大学暑期社会实践市级实践队（天津市重点专项），2021 年宕心筑梦实践队获得天津市大中专学生志愿者暑期文化科技卫生“三下乡”社会实践活动优秀实践团队，2022 年“喜迎二十大 奋进新征程——生科知物行”实践队获得天津市大中专学生志愿者暑期文化科技卫生“三下乡”社会实践活动优秀实践团队，2023 年“拾光微漾 · 津凤追羽”实践队获得全国大学生暑期实践队 TOP10、全国大学生社会实践成果“千校千项”优秀项目、全国大中专学生志愿者暑期文化科技卫生“三下乡”社会实践优秀品牌项目等荣誉。学生社会实践获奖情况见本书附录 4。

此外，我院多名学生获得国家奖学金（表 2–17）、国家励志奖学金（表 2–18）和各级综合类奖项（表 2–19）。

表 2-17 历年国家奖学金获奖学生名单

序号	姓名	类别	年份
1	王镐锋	本科	2013—2014
2	汪洋	本科	2014—2015
3	王方奕	本科	2014—2015
4	刘嘉舒	本科	2015—2016
5	王方奕	本科	2015—2016
6	郑斌	博士	2015—2016
7	李艳红	硕士	2015—2016
8	王浩栋	本科	2016—2017
9	段胤凯	本科	2016—2017
10	郑斌	博士	2016—2017
11	田宏亮	硕士	2016—2017
12	张莹	硕士	2016—2017
13	田宇辉	本科	2017—2018
14	段胤凯	本科	2017—2018
15	肖云杰	博士	2017—2018
16	朴佳芳	硕士	2017—2018
17	杨旻晔	硕士	2017—2018
18	田宇辉	本科	2018—2019
19	连宇珂	本科	2018—2019
20	彭伟盼	博士	2018—2019
21	陈卓芝	硕士	2018—2019
22	田雨	硕士	2018—2019
23	徐亚楠	硕士	2018—2019
24	朱与菁	本科	2019—2020
25	陆言骄	本科	2019—2020
26	杨涵	博士	2019—2020
27	崔警予	硕士	2019—2020
28	张传英	硕士	2019—2020
29	张世凤	本科	2020—2021
30	许睿	本科	2020—2021
31	崔梅慧	博士	2020—2021
32	于鹏	硕士	2020—2021
33	王天骄	硕士	2020—2021
34	陆言骄	本科	2021—2022
35	闫思琦	本科	2021—2022
36	朱悦	本科	2021—2022
37	张新宇	博士	2021—2022
38	高小宁	硕士	2021—2022

续表

序号	姓名	类别	年份
39	姚兰	硕士	2021—2022
40	潘逸扬	本科	2022—2023
41	朱悦	本科	2022—2023
42	吴嘉暘	本科	2022—2023
43	钱玉霞	博士	2022—2023
44	杨英翠	硕士	2022—2023
45	张玉玲	硕士	2022—2023

表 2-18　历年国家励志奖学金获奖学生名单

序号	姓名	类别	年份
1	蔡锦	本科	2014—2015
2	张天晴	本科	2014—2015
3	王锐	本科	2014—2015
4	侯宇佳	本科	2014—2015
5	蔡锦	本科	2015—2016
6	侯宇佳	本科	2015—2016
7	王锐	本科	2015—2016
8	张子豪	本科	2015—2016
9	闫迪	本科	2015—2016
10	陈德光	本科	2016—2017
11	王锐	本科	2016—2017
12	李卓然	本科	2016—2017
13	刘贤铭	本科	2016—2017
14	田宇辉	本科	2016—2017
15	徐立琳	本科	2017—2018
16	张千柔	本科	2017—2018
17	李帅	本科	2017—2018
18	徐立琳	本科	2018—2019
19	张千柔	本科	2018—2019
20	闫雨	本科	2018—2019
21	张世凤	本科	2018—2019
22	陈宏华	本科	2018—2019
23	倪昕媛	本科	2019—2020
24	徐立琳	本科	2019—2020
25	张千柔	本科	2019—2020
26	闫雨	本科	2019—2020

续表

序号	姓名	类别	年份
27	张世凤	本科	2019—2020
28	刘得武	本科	2019—2020
29	王一鑫	本科	2019—2020
30	王维丝	本科	2020—2021
31	陈宏华	本科	2020—2021
32	王一鑫	本科	2020—2021
33	刘得武	本科	2020—2021
34	吴桐	本科	2021—2022
35	赵婧斐	本科	2021—2022
36	王一鑫	本科	2021—2022
37	刘得武	本科	2021—2022
38	姜逸飞	本科	2021—2022
39	王美晨	本科	2021—2022
40	张心雨	本科	2022—2023
41	段顺国	本科	2022—2023
42	王美晨	本科	2022—2023
43	刘彦茹	本科	2022—2023
44	杨影	本科	2022—2023
45	袁俊华	本科	2022—2023
46	伦家乐	本科	2022—2023

表 2-19 各级综合类奖项汇总表

奖项名称	奖项级别	获奖人数	获奖人
天津市优秀共青团员	市级	1	潘逸扬（2024 年）
天津市优秀学生	市级	2	董睿涵（2021 年） 余欣宬（2019 年）
天津大学优秀学生标兵奖学金	校级	2	郑斌（2016 年） 王梓凝（2023 年）
天津大学十佳杰出青年（学生）	校级	1	王梓凝（2024 年）
天津大学自强之星提名奖	校级	2	田宇辉（2019 年） 张世凤（2022 年）
天津大学学生科学奖提名奖	校级	2	庞高举（2021 年） 崔梅慧（2022 年）

六、学生毕业去向

生物科学专业的学生培养质量得到了社会广泛的认可。近几年，学院毕业生就业率均达 93% 以上，本科毕业生升学深造率达 60% 以上。

近年来，毕业生到国内外知名高校继续深造，国内知名大学包括母校天津大学，北京大学、清华大学、浙江大学、复旦大学、上海交通大学、同济大学、南开大学、武汉大学、厦门大学、四川大学、中山大学、中国科学技术大学、中国科学院大学、中国科学院生物物理研究所、北京协和医学院，以及香港大学、香港中文大学等，国外知名大学包括美国哥伦比亚大学、澳大利亚昆士兰大学、澳大利亚新南威尔士大学、英国爱丁堡大学、英国格拉斯哥大学、日本东京大学、日本庆应义塾大学、东京工业大学、新加坡国立大学等。

毕业生到多家知名生物企业就业，相关企业包括天津恒瑞医药有限公司、天津冠勤医药科技有限公司、天津华大医学检验所有限公司、天津金域医学检验实验室有限公司、康希诺生物股份公司、北京生物制品研究所有限责任公司、维亚生物科技（上海）有限公司、麦梅斯（北京）生物基因科技有限公司、江苏金斯瑞生物科技有限公司、南京金斯瑞生物科技有限公司、国药大健康产业有限公司、南京传奇生物科技有限公司、江苏科信医药销售有限公司、山东盛迪医药有限公司、长春金赛药业有限责任公司、深圳华大基因股份有限公司等。

多名学生进入政府机关工作，相关单位包括中共天津市委办公厅、中共天津市宝坻区委组织部、中共天津市武清区委组织部、天津市津南区教育局、中共长春市委组织部、中共朝阳市委组织部、中共周口市委组织部、青岛高新技术产业开发区管理委员会、新疆生产建设兵团乡村社会治理党建办公室等。

·第三章　师资队伍建设·

第一节　师资队伍概况

师资队伍是生命科学学院教学科研工作的基石，是培养基础学科拔尖创新人才的关键。学院成立以来，按照“学术立院、人才强院”的建设理念，坚持引育并举，不断加强师资队伍建设，重点培育优秀学术团队，选聘优秀青年人才，组建国内一流的少而精的师资队伍。

建院之初，学院在《Science》杂志上面向全球发布招聘启事（图 3-1），从哈佛大学、约翰霍普金斯大学、耶鲁大学等世界一流大学引进教师全职到学院工作。中国科学院院士、病毒学家曾毅任生命科学学院名誉院长。中国科学院院士、分子生物物理与结构生物学家饶子和，中国科学院院士、血管学家汪忠镐任学院双聘院士。2013 年，从耶鲁大学引进回国的杨海涛教授入选国家级青年人才项目，同年，3 名教师入选天津市人才项目。

近年来，落实学校人事制度综合改革要求，学院系统推进制度建设，制定了《生命科学学院专业技术职务任职资格评审办法》《生命科学学院英才教授、英才副教授岗位评聘暂行办法》《生命科学学院绩效津贴管理办法》《生命科学学院全职博士后招收条件和考核办法》等。连续多年举办天津大学北洋青年科学家论坛生命科学领域分论坛，吸引海内外优秀青年学者加入学院。经过十余年的发展，截至 2023 年，学院教职工总数已从建院时的 4 人增长至 48 人，专任教师数从零增长至 34 人（图 3–2）。2012 年至 2023 年学院教职工名录见本书附录 5，学院集体及教师获奖情况见本书附录 7。

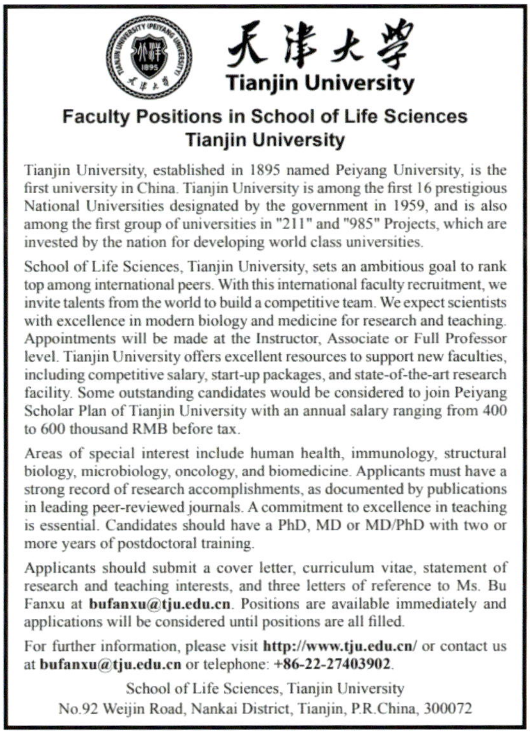
天津大学
Tianjin University

Faculty Positions in School of Life Sciences
Tianjin University

Tianjin University, established in 1895 named Peiyang University, is the first university in China. Tianjin University is among the first 16 prestigious National Universities designated by the government in 1959, and is also among the first group of universities in "211" and "985" Projects, which are invested by the nation for developing world class universities.

School of Life Sciences, Tianjin University, sets an ambitious goal to rank top among international peers. With this international faculty recruitment, we invite talents from the world to build a competitive team. We expect scientists with excellence in modern biology and medicine for research and teaching. Appointments will be made at the Instructor, Associate or Full Professor level. Tianjin University offers excellent resources to support new faculties, including competitive salary, start-up packages, and state-of-the-art research facility. Some outstanding candidates would be considered to join Peiyang Scholar Plan of Tianjin University with an annual salary ranging from 400 to 600 thousand RMB before tax.

Areas of special interest include human health, immunology, structural biology, microbiology, oncology, and biomedicine. Applicants must have a strong record of research accomplishments, as documented by publications in leading peer-reviewed journals. A commitment to excellence in teaching is essential. Candidates should have a PhD, MD or MD/PhD with two or more years of postdoctoral training.

Applicants should submit a cover letter, curriculum vitae, statement of research and teaching interests, and three letters of reference to Ms. Bu Fanxu at **bufanxu@tju.edu.cn**. Positions are available immediately and applications will be considered until positions are all filled.

For further information, please visit **http://www.tju.edu.cn/** or contact us at **bufanxu@tju.edu.cn** or telephone: **+86-22-27403902**.

School of Life Sciences, Tianjin University
No.92 Weijin Road, Nankai District, Tianjin, P.R.China, 300072

图 3–1　2013 年在《Science》杂志发布招聘启事

图 3–2　2012—2023 年学院教职工总数及专任教师数

截至 2023 年 12 月，学院有国家杰青 1 人、国家级青年人才 3 人、国家部委青年人才项目入选者 1 人，逐步形成了由国家杰青领衔、“四青”人才为骨干的高水平师资队伍。

学院有在岗教职工 48 人（其中 1 名专任教师人事关系在学校机关），其中专任教师 34 人、全职博士后 2 人、实验技术系列 4 人、高教管理系列 3 人、政治思想系列 4 人。学院专任教师包括教授 13 人，副教授、副研究员 20 人，讲师 1 人，全部具有博士学位，45 周岁以下教师占比 76%，具有长期海外经历的教师占比 68%。学院十分注重青年教师培养，依托学术午餐会、生科午间沙龙、课程思政研讨会、青年教师讲课大赛等多种形式，为学院教师搭建成长舞台，助力青年教师快速成长。

第二节　入选人才计划情况

生命科学学院的师资队伍规模虽然不大，但教师具有一流的教学科研能力，学院在 2013 至 2014 年迅速引进了一批高素质、有潜力的青年教师，多人入选国家级、省部级人才计划。2013 年，杨海涛教授入选国家级青年人才计划。2014 年，杨海涛教授获批“973”计划青年科学家专项，这是天津大学取得的第一个青年“973”项目，对于年轻的生命科学学院来说意义重大。2021 年学院 3 名青年教师入选国家级青年人才项目，占当年全校“四青”人才入选总数的 7.5%。2020 年、2023 年各获批天津市杰青 1 人。2 名教师入选天津市青年人才托举工程项目。国家级人才计划 / 项目入选情况及天津市人才计划 / 项目入选情况见表 3-1、表 3-2。2021 年 1 名教师入选中国科协青年人才托举工程，2022 年 1 名教师年入选国家部委青年人才项目（表 3-3）。多名教师入选天津大学北洋学者人才计划（表 3-4）。

表 3-1　国家级人才计划 / 项目入选情况

序号	入选年份	项目名称	姓名 / 人数	回国前工作单位
1	2013	国家级青年人才计划	杨海涛	美国耶鲁大学
2	2013、2014	教育部长江学者讲座教授	1 人	
3	2020	享受国务院政府特殊津贴专家	常津	
4	2021	国家自然科学基金优秀青年科学基金项目	王汉杰	
5	2021	国家自然科学基金优秀青年科学基金项目（海外）	王生	美国国立卫生研究院
6	2021	国家级青年人才项目	乔安娜	

表 3-2　天津市人才计划 / 项目入选情况

序号	入选年份	项目名称	姓名 / 人数	回国前工作单位
1	2013	天津市短期人才项目	2 人	
2	2014	天津市短期人才项目	1 人	
3	2013	天津市青年人才计划	杨海涛	美国耶鲁大学
4	2014	天津市青年人才计划	米立志	美国哈佛大学
5	2016	天津市青年人才计划	林志	新加坡国立大学
6	2017	天津市青年人才计划	吕春婉	美国佐治亚医学院
7	2013	天津市“131”创新型人才培养工程第二层次	王涛	
8	2014	天津市第三批“用三年时间引进千名以上高层次人才”	王涛	
9	2015	天津市“131”创新型人才培养工程第三层次	王汉杰	
10	2016	天津市“131”创新型人才培养工程第三层次	彭鑫	
11	2017	天津市“131”创新型人才培养工程第三层次	宫晓群	
12	2018	天津市“131”创新型人才培养工程第三层次	秦晓红	
13	2017	第一批天津市青年人才托举工程	王汉杰	
14	2018	天津市创新人才推进计划青年科技优秀人才	王汉杰	
15	2020	第三批天津市青年人才托举工程	王生	美国国立卫生研究院
16	2020	天津市创新人才推进计划重点领域创新团队	黄金海团队	
17	2020	天津市杰出青年科学基金	陈庆锋	美国德州大学西南医学中心
18	2023	天津市杰出青年科学基金	王汉杰	

表 3-3　其他人才计划 / 项目入选情况

序号	入选年份	项目名称	姓名
1	2021	第六届中国科协青年人才托举工程	刘斯
2	2022	农业农村部青年人才项目	王泽方

表 3-4　天津大学北洋学者人才计划入选情况

序号	入选年份	项目名称	姓名
1	2013	天津大学“北洋学者·海外杰出青年人才计划”	杨海涛
2	2013	天津大学“北洋学者·海外杰出青年人才计划”	林志
3	2013	天津大学“北洋青年学者计划”	王涛
4	2014	天津大学“北洋青年学者计划”	严汉池
5	2018	天津大学“北洋青年学者计划”	王汉杰
6	2014	天津大学“北洋学者·青年骨干教师计划”	王汉杰
7	2015	天津大学“北洋学者·青年骨干教师计划”	华德平
8	2016	天津大学“北洋学者·青年骨干教师计划”	彭鑫
9	2016	天津大学“北洋学者·青年骨干教师计划”	王泽方
10	2017	天津大学“北洋学者·青年骨干教师计划”	宫晓群
11	2018	天津大学“北洋学者·青年骨干教师计划”	秦晓红
12	2019	天津大学“北洋学者·青年骨干教师计划”	王亚鑫
13	2019	天津大学“北洋学者·青年骨干教师计划”	关凤慧

第三节　青年教师海外研修情况

学院积极扩大海外学术交流，于 2012 年成立了天津大学 – 美国约翰霍普金斯大学病毒分子生物学联合实验室。建院初期，依托联合实验室选派讲师郭浩然和博士后韩雪赴美国约翰霍普金斯大学开展科学研究，并选派青年教师参加美国冷泉港实验室年会等国际会议。

2016 年 10 月，生命学院及药学院院长 Jay Siegel 带队，两院的教师及学生代表赴荷兰格罗宁根大学、瓦戈宁根大学、意大利帕多瓦大学开展学术交流，并推进学生交换项目（图 3-3）。

学院支持青年教师开展海外研修，拓展学术视野。近年来，共有 6 名青年教师通过国家公派、单位公派等渠道赴英国牛津大学、美国威斯康星大学麦迪逊分校、美国加州大学戴维斯分校、美国纽约州立大学奥尔巴尼分校、加拿大多伦多大学、爱沙尼亚塔尔图大学访学，进行合作研究（图 3-4、图 3-5）。教师公派项目信息见表 3-5。

图 3-3　生命学院及药学院师生赴荷兰、意大利访问

表 3-5　生命科学学院教师公派项目信息

序号	姓名	出访国家	出访学校	录取项目	留学身份	派出类别	出访时间
1	陈成	英国	牛津大学	国家留学基金青骨项目	访问学者	国家公派	2016.02—2016.08
2	彭鑫	美国	威斯康星大学麦迪逊分校	国家留学基金面上项目	访问学者	国家公派	2016.12—2017.12
3	张丽琳	美国	加州大学戴维斯分校	国家留学基金青骨项目	访问学者	国家公派	2018.09—2019.09
4	秦晓红	美国	纽约州立大学奥尔巴尼分校	国家留学基金面上项目	访问学者	国家公派	2019.08—2020.10
5	康君	加拿大	多伦多大学	国家留学基金面上项目	访问学者	国家公派	2019.11—2021.02
6	华德平	爱沙尼亚	塔尔图大学	—	访问学者	单位公派	2019.11—2020.08

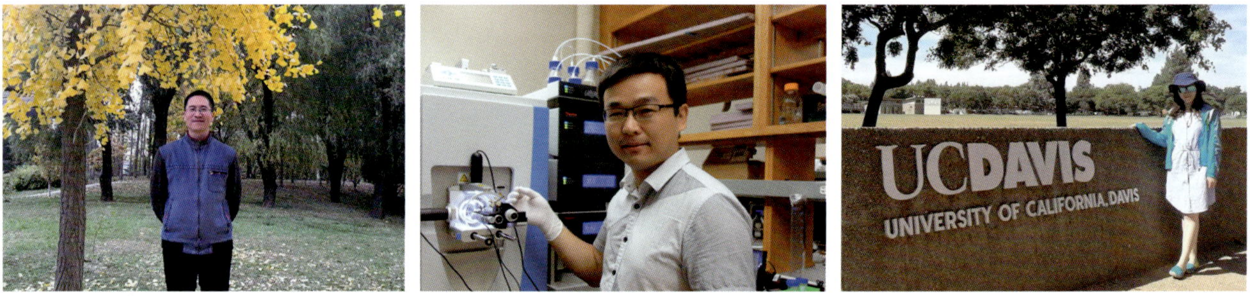

图 3-4　陈成（左）、彭鑫（中）、张丽琳（右）在海外研修

图 3-5　秦晓红（左）、康君（中）、华德平（右）在海外研修

· 第四章　学科建设及科学研究 ·

第一节　学科发展情况

天津大学于 2003 年建立生物物理学二级学科博士点，2011 年建立生物学一级学科博士点。学科紧密围绕“健康中国”战略，结合学校新工科建设优势，发挥学校在合成生物学领域的优势，突出“蛋白质设计与应用”特色，打造结构与分子生物学、微生物与免疫学、纳米生物医学 3 个“生物 +”方向。在目前学科方向的基础上，未来将在功能蛋白设计（嗅觉味觉传感、生物医学检测、蛋白药物设计）、赋能细胞（酵母细胞工厂、动物黏膜疫苗、单链抗体库开发）、智能纳米药物（神经退行性疾病、肿瘤、炎症）等方面取得更多突破。

生物学学科建有天津市生物大分子结构功能与应用重点实验室、天津市微纳生物材料与检疗工程技术中心等高水平科研基地。积极牵头承担国家重点研发计划、国家科技重大专项等项目，在《Science》《Cell》《PNAS》等期刊发表研究成果。注重与企业开展产学研合作，多项成果获得国家级、省部级科技奖励，产生了良好的社会经济效益。

在学科声誉方面，生物学学科为天津市重点一级学科，入选首批“天津市高校服务产业特色学科群”建设名单，参与第五轮学科评估并取得了优秀成绩。近年来，学院学科声誉持续提升，生物与生物化学学科位居 ESI 全球排名前 1%。2022 年泰晤士高等教育（THE）

发布的第三版中国学科评级中，天津大学生物学学科评级为 A。2023 年学科举办第一届蛋白质设计与应用学术会议（图 4-1），进一步增强学术影响力。

图 4-1　第一届蛋白质设计与应用学术会议（2023 年）

第二节　科研基地

一、天津市生物大分子结构功能与应用重点实验室

2018 年，天津市生物大分子结构功能与应用重点实验室依托生命科学学院组建，叶升院长担任重点实验室主任。成立重点实验室学术委员会，学术委员会主任由中国科学院院士饶子和教授担任。天津市生物大分子结构功能与应用重点实验室第一届学术委员会、第二届学术委员会组成情况见表 4-1、表 4-2。2023 年天津市生物大分子结构功能与应用重点实验室固定人员组成情况见表 4-3。

实验室聚焦生物医学前沿和国家重大需求，主要开展病毒免疫学、结构生物学和生物纳米材料等重点领域的基础和应用研究。开展危害人类健康的重大疾病相关研究，如艾滋病、SARS（严重急性呼吸综合征）病毒、寨卡病毒等。解析病毒分子重要蛋白结构，寻找蛋白靶向位点，攻克致病机理，利用免疫机制及纳米材料实现靶向给药，解决重大疾病治疗过程中的关键问题。探索重大疾病的诊疗一体化，为重大疾病的防治提供技术支撑体系和创新平台。通过打造实验创新平台，吸引一批优秀人才，加快青年教师培养，不断拓展研究领域。同时在人才培养中，充分发挥重点实验室的优势，为学生科研提供便利条件和更大的实践空间，成为培养具有家国情怀、全球视野、创新精神和实践能力的卓越人才的重要基地。

实验室研究成果获多项省部级科技奖。“正交化蛋白质元件的人工设计与构建”等科研项目获科技部重点研发计划项目支持。重点实验室师生以第一作者及通讯作者身份在《Science》《Cell》《Nature Communications》《PNAS》《Science Advances》《Advanced Materials》等国际顶级期刊发表学术研究成果。2019 年 10 月，青年教师刘斯以第一作者身份在《Science》上发表研究论文，首次解析出人源钾氯共转运体蛋白 KCC1 的 2.9 埃冷冻电镜高分辨结构，揭示了钾离子和氯离子在细胞膜蛋白上的结合位点，提出了钾－氯共转运机理，为癫痫等相关疾病治疗和药物设计提供了新的视角。2020 年 5 月，博士生王镐锋以并列一作身份在《Cell》上发表研究论文，围绕新型冠状病毒关键药物靶点 RNA 聚合酶开展科学研究，成功解析药靶蛋白和药物瑞德西韦复合物的三维结构，为针对新型冠状病毒的药物研发提供了重要的结构信息。

表 4–1 天津市生物大分子结构功能与应用重点实验室第一届学术委员会组成

学术委员会	姓名	职称	所在单位
主任委员	饶子和	教授	清华大学
委员	王宏伟	教授	清华大学
	黄亿华	教授	中国科学院生物物理所
	高宁	教授	北京大学
	沈月全	教授	南开大学
	李振	教授	天津大学
	张卫文	教授	天津大学

表 4–2 天津市生物大分子结构功能与应用重点实验室第二届学术委员会组成

学术委员会	姓名	职称	所在单位
主任委员	饶子和	教授	清华大学

续表

学术委员会	姓名	职称	所在单位
委员	黄亿华	教授	中国科学院生物物理所
	高宁	教授	北京大学
	尚鲁庆	教授	南开大学
	郭宇	教授	南开大学
	温明章	教授	天津大学
	张雁	教授	天津大学

表 4–3　2023 年天津市生物大分子结构功能与应用重点实验室固定人员组成

实验室名称	姓名	职称
天津市生物大分子结构功能与应用重点实验室	叶升（实验室主任）	教授
	王亚鑫（实验室秘书）	副教授
	米立志	教授
	林志	教授
	王泽方	教授
	轩维民	教授
	乔安娜	教授
	黄金海	教授
	王涛	教授
	张蕾	教授
	常津	教授
	王汉杰	教授
	王生	教授
	陈成	副教授
	秦晓红	副教授
	刘斯	副教授
	祝诚	副教授
	李振鲁	副教授
	张丽琳	副教授
	彭鑫	副教授
	华德平	副教授
	吕春婉	副教授
	宫晓群	副教授
	武晓丽	副教授

续表

实验室名称	姓名	职称
天津市生物大分子结构功能与应用重点实验室	康君	副教授
	张丽瑶	副教授
	袁文肃	副教授
	李泽兴	副研究员
	刘夺	副研究员
	肖云杰	副研究员
	徐冰红	副研究员
	夏小璇	副研究员
	刘培源	讲师
	杨柳	高级工程师
	朱春凤	高级实验师
	李勇	工程师
	刘晶	工程师

二、天津市微纳生物材料与检疗工程技术中心

2015 年，天津市微纳生物材料与检疗工程技术中心依托天津大学生命科学学院组建，以研究和开发新型微纳生物材料与检疗技术，并通过与医院、企业的合作，进一步实现天津市微纳生物技术及制品产业化的目标。天津市微纳生物材料与检疗工程技术中心主任由常津教授担任。此外，中心还成立了由国内知名专家组成的技术委员会，组成情况见表 4–4。

表 4–4　天津市微纳生物材料与检疗工程技术中心技术委员会组成

技术委员会	姓名	所在单位
主任	梁兴杰	国家纳米中心
副主任	庞代文	南开大学
	何丹农	上海交通大学
委员	樊春海	上海交通大学
	张宁	北京大学
	常津	天津大学
	胡文彬	天津大学

工程中心立足本地高校、科研机构以及企业协同创新，围绕京津冀产业链部署创新链，推进微纳生物技术与重点产业领域的融合。工程中心提供的产学研平台将推进微纳生物技术的技术研发，加快成果转化及新技术推广，同时旨在提高天津市微纳生物技术创新能力，延长产业链——推动微纳生物技术在检疗技术中的应用，提高天津市在微纳生物技术领域的国内国际竞争力。工程中心以微纳生物材料制备技术、微纳生物检测和诊断技术与产品转化、微纳药物输送和微纳组织工程技术与产品转化、微纳检疗设备关键技术与产品转化为研究方向，采用全新的管理和运行机制，加强应用研究与产品开发，并与产业化密切结合，探索科技与经济结合的新途径，为发展本市的微纳生物技术及制品产业不断提供技术支持，培育新的经济增长点。同时培育出更多高水平人才，以产、学、研为平台向社会提供更多的性能安全、质量稳定的机构式、社区式甚至家庭式的微纳生物检疗技术产品，以预防为前提，在实现诊疗一体化的基础上，提高人民健康水平。

工程中心始终本着为社会服务的原则，针对制约技术科研单位和相关企业发展的关键问题，为企业提供了大量的技术咨询和服务工作，提升了企业的创新能力，激发了企业的创新动力和活力。此外，通过产学研一体的创新合作，开展了数十项符合市场需求和企业需求的产品和技术研发服务，为企业的发展提供了技术支撑，提高了企业的核心竞争力。

中心主持的“纳米药物在若干重要疾病治疗方面的基础研究”项目获天津市自然科学一等奖。该项目针对目前恶性肿瘤和神经类疾病治疗中出现的药物靶向性弱、跨越生物屏障效率低、药效时间短和单一治疗效果欠佳等问题，将纳米技术与制药技术相结合，构建了具有靶向、跨膜、缓释和长循环等优异特性的纳米药物，并通过一系列的体内外安全性、稳定性、释药性等实验，验证了高协同效应纳米药物的治疗功效。中心主持的“基于微纳生物检测技术的智能诊断产品创新与应用”项目获黄家驷生物医学工程科技进步二等奖。中心参与的“脊髓损伤流行病学特征及微环境理论的创立与临床应用”项目获天津市科技进步一等奖。该项目建立了我国第一个区域性脊髓损伤病例登记系统，填补了中国在国际脊髓损伤流行病学调查数据中的空白，筛选的新型药物干预脊髓损伤并进行临床转化，该项目还建立了脊髓损伤规范化诊疗体系，被全国数十家三级甲等医院以及骨科临床重点专科医院推广应用，救治脊髓损伤患者上千例，显著改善了患者的生存质量。

三、天津市生物科普基地

2023 年 12 月，天津大学生物科普基地入选天津市科普基地。天津大学生物科普基地依托天津市生物大分子结构功能与应用重点实验室、天津市微纳生物材料与检疗工程技术中心、国家基础学科拔尖学生培养计划 2.0 基地、国家一流本科专业建设点、天津市一流课程等资源，打造微生物和动植物标本科普教育园，建设结构分子与生物材料线上科普平台，定期举办生物技能竞赛，向公众科普人类遗传资源和生物资源保护、防范外来物种入侵与保护生物多样性等生命科学领域科学知识。图 4–2 为天津大学生物科普基地部分展览的情况。

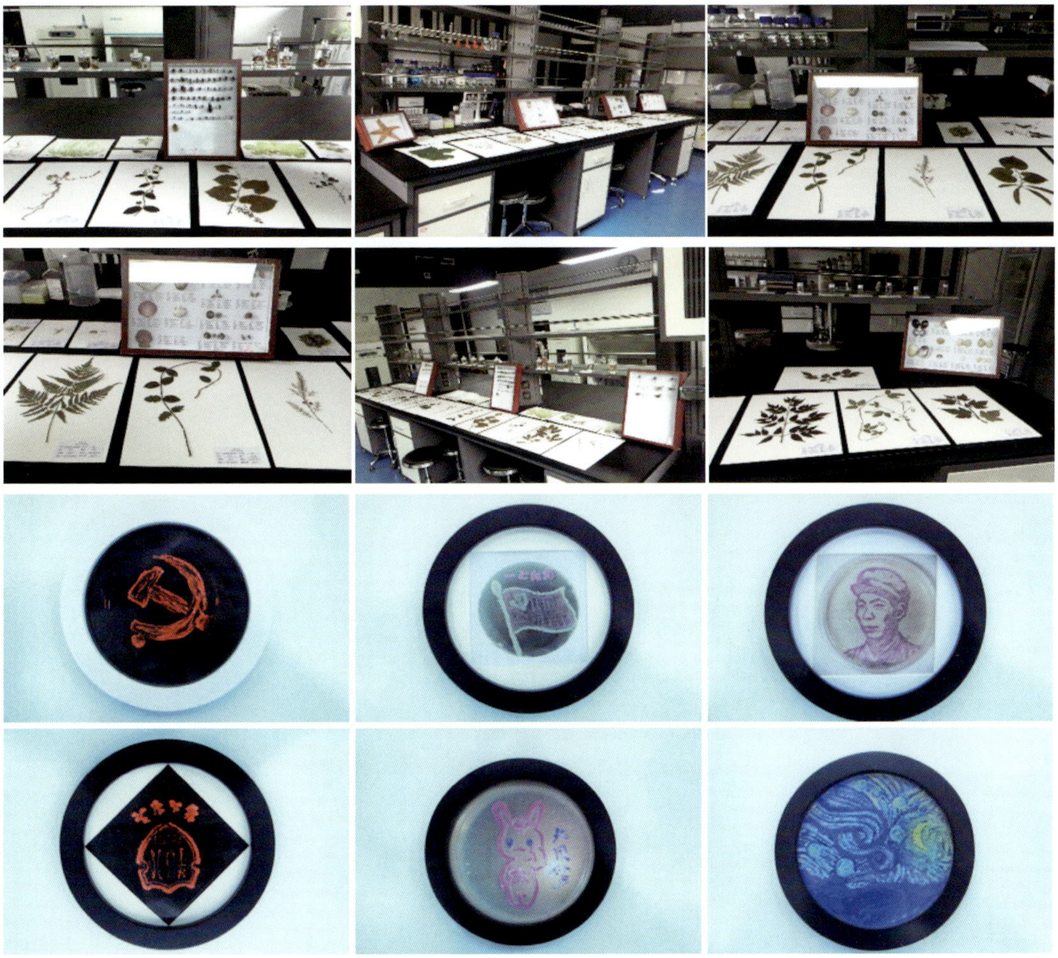

图 4–2　天津大学生物科普基地部分展览

第三节　代表性科研成果

一、科研获奖

生命科学学院自成立以来，科技创新成果丰硕，学院教师获天津市自然科学一等奖、天津市科技进步一等奖等重要奖项（表 4–5）。

表 4–5　代表性科研奖励

序号	奖项名称	获奖等级	获奖项目名称	完成人	获奖年度	参与单位情况
1	天津市科技进步奖	一等	脊髓损伤流行病学特征及微环境理论的创立与临床应用	冯世庆、孔晓红、宁广智、**常津**、周先虎、郑永发、徐云强、班德翔、刘洋、周恒星、姚雪、魏志坚	2017	第三完成单位
2	天津市自然科学奖	一等	纳米药物在若干重要疾病治疗方面的基础研究	**常津**、梁兴杰、薛雪、**宫晓群**、**王汉杰**、**武晓丽**、郭伟圣、郭妍妍	2018	第一完成单位
3	天津市自然科学奖	二等	真菌疏水蛋白自组装分子机制和材料表面修饰功能的研究	乔明强、徐海津、**王泽方**、赵立强、王恺、孔德领、于雷、张钧	2018	—
4	天津市科技进步奖	二等	猪病毒性疫苗关键共性技术开发与产业化	李守军、刘建文、**黄金海**、郁宏伟、刘海霞、朱秀同、王艳晓、吕茂杰	2019	第二完成单位
5	吉林省自然科学奖	一等	逆转录病毒辅助蛋白 Vif 分子作用机制的研究	张文艳、于晓方、**王涛**、王虹、周小红、于静华、李兆龙、李景良、常军亮、刘新	2019	—
6	天津市科技进步奖	二等	痴呆流行病学、发病机制和早期诊治应用研究	纪勇、**宫晓群**、岳伟、**武晓丽**、石志鸿、刘帅、李攀、王晓丹	2021	第二完成单位
7	黄家驷生物医学工程奖	二等	基于微纳生物检测技术的智能诊断产品创新及应用	**常津**、鞠熀先、李彤、刘萍、**宫晓群**、严枫、**王汉杰**、**武晓丽**	2021	第一完成单位
8	天津市科技进步奖	一等	甜瓜商业化育种体系创建及新品种推广应用	马德华、刘莉、庞金安、张庆栋、庞继涛、张腾、**华德平**、夏宝莲、张桂华、马磊、刘杰、李怀智	2023	第二完成单位
9	天津市科技进步奖	二等	提升疾病精准诊疗的多维影像体系关键技术的建立及应用	赵阳、李雪、吴梦琳、张雪宁、彭景、李建民、**宫晓群**、刘晓鸣	2023	第二完成单位

注：本院教师姓名以粗体显示。

二、科研项目

生命科学学院自成立以来，坚持面向世界科技前沿、面向经济主战场、面向国家重大需求、面向人民生命健康，先后承担国家“863”项目、“973”项目、国家重点研发计划、国家自然科学基金等项目。科研项目共立项 200 余项，其中百万级科研项目共 20 项（表 4-6），累计实到经费将近 9000 万元。学院教师承担的国家级、省部级及横向科研项目清单见本书附录 6。

表 4-6　百万级科研项目清单

序号	项目名称	类别	负责人	立项年份
1	离子转运蛋白底物结合、转运及其调控机制的结构研究	“973”项目子课题	严汉池	2013
2	新抗病毒基因的作用机理与病毒拮抗机制的研究	“973”项目	杨海涛	2015
3	病原与宿主互作的重要蛋白结构解析	国家重点研发计划课题	张蕾	2016
4	病毒的实时动态示踪与感染机制研究	国家重点研发计划课题	常津	2017
5	病毒特异性分子靶标的纳米标记	国家重点研发计划课题	王涛	2017
6	新抗病毒基因的作用机理	“973”项目	杨海涛	2017
7	天津市纳米检疗技术公共服务平台	天津市创新平台	常津	2017
8	针对神经退行性疾病的合成肠道菌群体系构建及应用	国家重点研发计划课题	王汉杰	2020
9	正交化蛋白质元件的人工设计与构建	国家重点研发计划项目	叶升	2021
10	口服新冠 COVID-19 病毒保护性抗原 S 蛋白酵母表面展示菌株疫苗技术的工程化	横向项目	黄金海	2021
11	纳米光遗传学	国家自然科学基金优秀青年科学基金项目	王汉杰	2022
12	智能高分子纳米药物	国家自然科学基金优秀青年科学基金项目（海外）	王生	2022
13	—	国家青年人才培养项目	乔安娜	2022
14	基于酿酒酵母底盘的口服人轮状病毒疫苗菌株研发	横向项目	黄金海	2022
15	酶促 DNA 从头合成新方法	国家自然科学基金专项基金项目（原创探索）	轩维民	2023
16	PIR 来源塑料降解制备 TPA 及 MEG 工艺开发	横向项目	王梦凡	2023

续表

序号	项目名称	类别	负责人	立项年份
17	维生素类细胞工厂的构建及产业化示范	国家重点研发计划课题	刘夺	2023
18	生物基分散剂和阻燃剂的研发	横向项目	王泽方	2023
19	人工合成嗅觉传感系统	国家重点研发计划青年项目	乔安娜	2023
20	特异性卵黄抗体的研究与开发	横向项目	刘培源	2024

三、科研论文

（一）论文发表情况

学院教师以第一作者及通讯作者身份在《Science》《Cell》《Nature Communications》《PNAS》《Science Advances》《Advanced Materials》等国际顶级期刊发表多篇论文。图 4-3 为历年来以天津大学生命科学学院为第一单位发表的 SCI 论文情况统计。表 4-7 为学院师生发表的部分代表性科研论文列表。

图 4-3　历年来以学院为第一单位发表 SCI 论文情况（单位：篇）

表 4-7　学院师生发表的部分代表性科研论文

序号	文章名称	期刊	第一作者	通讯作者	发表年份
1	Cryo-EM structures of the human cation-chloride cotransporter KCC1	Science	**Si Liu**, Shenghai Chang, Binming Han	Jingyuan Li, Eric Delpire, **Sheng Ye**, Xiao-chen Bai, Jiangtao Guo	2019

续表

序号	文章名称	期刊	第一作者	通讯作者	发表年份
2	Structural basis for RNA replication by the SARS-CoV-2 polymerase	Cell	Quan Wang, Jiqin Wu, **Haofeng Wang,** Yan Gao, Qiaojie Liu	Quan Wang, Peng Gong, Zihe Rao	2020
3	Structural insight into dGTP-dependent activation of tetrameric SAMHD1deoxynucleoside triphosphate triphosphohydrolase	Nature Communications	**Chunfeng Zhu,** Wenying Gao	Yong Gong, Xiaofang Yu	2013
4	NIR-Remote Selected Activation Gene Expression in Living Cells by Upconverting Microrods	Advanced Materials	**Bin Zheng**	**Hanjie Wang, Jin Chang**	2016
5	Mechanisms of activation and inhibition of Zika virus NS2B-NS3 protease	Cell Research	**Xia Chen,** Kailin Yang, **Chen Wu**	**HaitaoYang,** Xiaoyun Ji	2016
6	The Superimposed Deubiquitination Effect of OTULIN and PRRSV Nsp11 Promoted the Multiplication of PRRSV	Journal of Virology	**Yanxin Su, Peidian Shi, Lilin Zhang,**	**Lei Zhang, Jinhai Huang**	2018
7	The Severe Fever with Thrombocytopenia Syndrome Virus NSs Protein Interacts with CDK1 To Induce G2 Cell Cycle Arrest and Positively Regulate Viral Replication	Journal of Virology	**Sihua Liu**	Zhiyun Wang, **Tao Wang**	2020
8	Exploiting the acquired vulnerability of cisplatin-resistant tumors with a hypoxia-amplifying DNA repair - inhibiting (HYDRI) nanomedicine	Science Advances	**Jing Chen,** Xue Wang, Yuan Yuan	**Jin Chang,** Weisheng Guo, Xing-Jie Liang	2021
9	Structural Basis for GTP-induced Dimerization and Antiviral Function of Guanylate-binding Proteins	PNAS	**Wen Cui,** Elisabeth Braun, Wei Wang, **Jinhong Tang,** Yanyan Zheng	Daniel Sauter, **Zefang Wang,** Frank Kirchhoff, Haitao Yang	2021
10	Programmed Size-Changeable Nanotheranostic Agents for Enhanced Imaging-Guided Chemo/Photodynamic Combination Therapy and Fast Elimination	Advanced Materials	**Guohui Cheng**	Fei Gao, **Jin Chang, Sheng Wang**	2021

续表

序号	文章名称	期刊	第一作者	通讯作者	发表年份
11	NIR light-responsive bacteria with live bio-glue coatings for precise colonization in the gut	Cell Reports	**Meihui Cui,** Tao Sun, Shubin Li	**Hanjie Wang**	2021
12	Critical role of minor eggcase silk component in promoting spidroin chain alignment and strong fiber formation	PNAS	**Tiantian Fan, Ruiqi Qin, Yan Zhang, Jingxia Wang,** Jing-Song Fan	**Zhi Lin**	2021
13	Structural and Mechanistic Insights into the Complexes Formed by Wolbachia Cytoplasmic Incompatibility Factors	PNAS	**Yunjie Xiao,** Hongli Chen, **Haofeng Wang,** Mengwen Zhang	Wei Wang, **Zefang Wang,** Mark Hochstrasser, Haitao Yang	2021
14	Crystal Structures of Wolbachia CidA and CidB Reveal Determinants of Bacteria-induced Cytoplasmic Incompatibility and Rescue	Nature Communications	**Haofeng Wang, Yunjie Xiao**	Wei Wang, **Zefang Wang,** Mark Hochstrasser, Haitao Yang	2022
15	H3K9me3 represses G6PD expression to suppress the pentose phosphate pathway and ROS production to promote human mesothelioma growth	Oncogene	**Chunwan Lu**	**Chunwan Lu,** Kebin Liu	2022
16	Embigin facilitates monocarboxylate transporter 1 localization to the plasma membrane and transition to a decoupling state	Cell Reports	**Binghong Xu,** Mingfeng Zhang, Bo Zhang, Wenna Chi, Xiaomin Ma	Ligong Chen, Xiaokang Zhang, **Hanchi Yan, Sheng Ye**	2022
17	Activation and Signaling Mechanism Revealed by GPR119-GsComplex Structures	Nature Communications	**Yuxia Qian,** Jiening Wang, Linlin Yang	**Sheng Ye,** Shan Wu, **Anna Qiao**	2022
18	Biodegradation of Highly Crystallized Poly (ethylene terephthalate) Through Cell Surface Codisplay of Bacterial PETase and Hydrophobin	Nature Communications	**Zhuozhi Chen, Rongdi Duan, Yunjie Xiao, Yi Wei**	Yanyan Wang, **Zefang Wang**	2022

注：本院教师和学生姓名以粗体显示。

（二）重要论文介绍

2019 年 10 月，青年教师刘斯与合作者在发现人源钾氯共转运蛋白 KCC1 的机理方面取得重要突破，她以第一作者身份在世界顶级学术期刊《Science》上发表研究论文

“Cryo-EM structures of the human cation-chloride cotransporter KCC1”，首次解析出人源钾氯共转运体蛋白 KCC1（图 4-4）的 2.9 埃冷冻电镜高分辨结构，揭示了钾离子和氯离子在细胞膜蛋白上的结合位点，提出了钾 - 氯共转运机理，为癫痫等相关疾病治疗和药物设计提供了新的视角。KCC1 具有重要的生理功能，是临床上治疗癫痫等疾病的药物靶点。该研究成功解析出 KCC1 的蛋白结构，将有助于基于蛋白结构开展的药物研发，从而为临床上治疗相关疾病提供精准的数据支持。据了解，全球有近 6000 万的癫痫患者，基于结构生物学研发以阳离子 - 氯离子共转运蛋白为靶点的癫痫治疗药物，具有巨大的现实意义和应用价值。

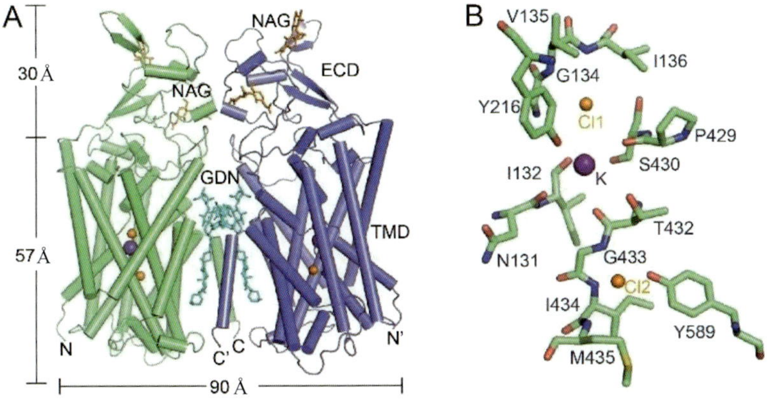

图 4-4　人源 KCC1 的结构

2020 年 5 月，饶子和院士团队与合作单位在新冠病毒重要药物靶点 RNA 聚合酶（RdRp）复合物的结构与功能研究上取得重要突破。作为饶子和院士团队重要成员之一，生命科学学院三年级博士研究生王镐锋（图 4-5）以并列第一作者身份在国际权威学术期刊《Cell》杂志上发表了题为“Structural basis for RNA replication by the SARS-CoV-2 polymerase”研究论文。论文中报道了新冠病毒 RNA 聚合酶及其辅助因子与 RNA 和抗病毒候选药物瑞德西韦复合体 2.9 的三维结构，揭示了新型冠状病毒聚合酶复合体催化过程中“转位前”和“转位后”两个生理状态的构象特征。本研究首次精细描绘出了新型冠状病毒“RdRp-nsp7-nsp8”转录复制机器处在工作状态下的核心特征，展现了复合体辅助部件参与反应的分子机制和结构基础，并为瑞德西韦和法匹拉韦等候选药物的效应分子如何精确靶向抑制病毒 RNA 合成进而发挥药效活性提出了机制解释。这是天津大学研究生首次以并列第一作者身份在《Cell》杂志上发表论文。

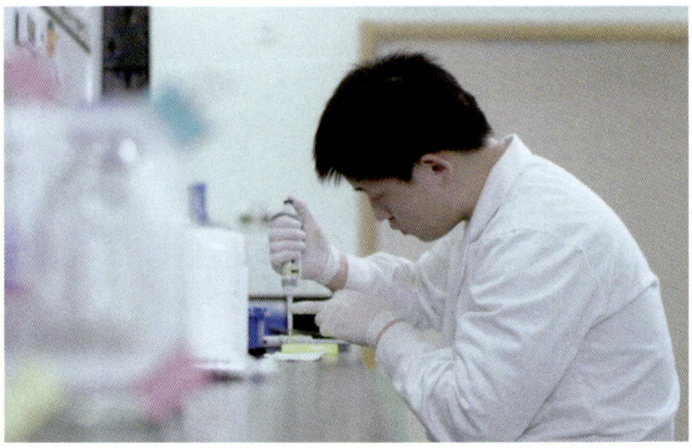

图 4-5　生命科学学院博士研究生王镐锋

2013 年 11 月，朱春风发表题为“Structural insight into dGTP-dependent activation of tetrameric SAMHD1deoxynucleoside triphosphate triphosphohydrolase”的研究论文，报告了分辨率为 1.8 埃，同源四聚体 SAMHD1 与变构激活体及底物 dGTP/dATP 的复合物晶体结构，由此揭示了 dGTP 依赖性四聚体 SAMHD1 脱氧核苷三磷酸酶 (dNTPase) 活化的结构机制。这一成果发表在《Nature Communications》杂志上。

2016 年 1 月，常津教授团队指导的 2014 级生物学博士研究生郑斌以第一作者身份在国际著名期刊《Advanced Materials》上发表了题为“NIR-Remote Selected Activation Gene Expression in Living Cells by Upconverting Microrods”的科研论文。该研究提供了一种利用光控系统控制基因表达的新方法，为肿瘤、老年痴呆等重大疾病的精准治疗提供了新思路。这种基于上转换材料的光控基因表达系统具有生物安全性好、组织穿透性强、操作简便和可控性高等优点，该研究成果有望广泛应用于肿瘤、老年痴呆等重大疾病的精准治疗。

2016 年 10 月，杨海涛教授发表题为“Mechanisms of activation and inhibition of Zika virus NS2B-NS3 protease”的研究论文。由杨海涛教授领导的科研团队在揭示寨卡病毒关键药物靶点方面再次取得重要突破。该团队解析了寨卡病毒 NS2B-NS3pro 蛋白酶复合物原子分辨率水平的三维结构。该蛋白酶复合物在寨卡病毒整个生活周期中起关键调节作用，这一蛋白酶复合物结构的解析为开发治疗寨卡病毒的特效药物奠定了重要的结构基础。这一研究成果发表在学术刊物《Cell Research》上。

2018 年 2 月，黄金海教授团队在国际病毒学领域权威期刊《Journal of Virology》上发表了题为“The Superimposed Deubiquitination Effect of OTULIN and Porcine Reproductive and Respiratory Syndrome Virus（PRRSV）Nsp11 Promotes Multiplication of PRRSV”的研究成果。这项研究发现 PRRSV 非结构蛋白 Nsp11 通过与去线性泛素化酶 OTULIN 相互作用，协同调控 NF-κB 关键调节因子 NEMO 的线性泛素化修饰，进而抑制 I 型干扰素产生和抗病毒过程，揭示了 PRRSV 逃逸宿主天然免疫应答的新机制，为猪繁殖与呼吸综合征的防控提供新的见解。

2020 年 2 月，王涛教授团队在国际病毒学领域权威期刊《Journal of Virology》上发表了题为“The Severe Fever with Thrombocytopenia Syndrome Virus NSs Protein Interacts with CDK1 To Induce G2 Cell Cycle Arrest and Positively Regulate Viral Replication”的研究论文。该研究基于 SFTSV 感染的多组学数据整合分析，证实 SFTSV NSs 通过与宿主蛋白依赖性激酶 -1（CDK1）相互作用，抑制细胞周期调控复合物的形成及进入细胞核，进而诱导细胞 G2/M 期阻滞并促进病毒复制。这项研究充实了 SFTSV 与宿主相互作用的分子机制，并为病毒干预措施的建立提供了理论依据。

2021 年 4 月，常津教授团队在《Science Advances》杂志上发表了题为“Exploiting the acquired vulnerability of cisplatin-resistant tumors with a hypoxia-amplifying DNA repair - inhibiting (HYDRI) nanomedicine”的研究论文。该工作报道了一个富有启发性的策略，通过利用细胞产生耐药性时增加的细胞内缺氧来对抗肿瘤耐药性。在临床相关模型的研究中，包括患者源性类器官和患者源性异种移植瘤，均能够有效抑制顺铂耐药肿瘤的生长。

2021 年 4 月，王泽方教授团队在重要先天免疫蛋白家族鸟苷酸结合蛋白（GBP）的结构与功能研究中取得重要突破，在美国科学院院刊《Proceedings of the National Academy of Sciences of the United States of America》（《PNAS》）上发表了题为“Structural Basis for GTP-induced Dimerization and Antiviral Function of Guanylate-binding Proteins”的研究论文。论文中报道了 GBP5 在激活前以及激活后两种状态下的三维空间结构，揭示了 GBP

家族发生激活变构的分子机制。此项研究工作首次描绘了精确的 GBP 蛋白激活变构的分子机制，彻底纠正了领域内十余年间对 GBP 激活机制的认识上的误区，为进一步深入理解 GBP 蛋白家族在先天免疫中发挥的功能提供了重要的理论基础。

2021 年 4 月，常津教授团队王生教授与山东大学医学影像研究所高飞教授在《Advanced Materials》上发表了题为“Programmed Size-Changeable Nanotheranostic Agents for Enhanced Imaging-Guided Chemo/Photodynamic Combination Therapy and Fast Elimination”的论文。该研究开发的尺寸可变的纳米诊疗剂在到达肿瘤组织后可以对酸性微环境响应，形成大粒径聚集体，实现增强的磁共振成像，并在化疗 / 光动力联合治疗后重新分散为小粒径纳米粒子，实现快速代谢，提高了纳米诊疗剂的生物安全性。

2021 年 9 月，王汉杰课题组与天津大学化工学院张卫文团队孙韬合作，在《Cell Reports》发表了题为“NIR light responsive bacteria with live bio-glue coatings for precise colonization in the gut”的论文，将光遗传学技术中的光和转基因光敏蛋白质运用到微生物上，为解决生物活药工程菌在体有效可控定植提供一种新思路。利用“纳米光遗传学”技术，构建了一种能够实现在体肠道靶向精准定植的光响应型生物活药工程菌，同时对工程菌进行遗传改造，使其分泌抗炎因子，在小鼠模型中证明这种工程菌促进了黏膜的愈合，可改善 DSS 诱导的慢性结肠炎相关症状。

2021 年 9 月，林志教授团队在美国科学院院刊《Proceedings of the National Academy of Sciences of the United States of America》（《PNAS》）上发表了题为“Critical role of minor eggcase silk component in promoting spidroin chain alignment and strong fiber formation”的研究论文。这项研究通过核磁共振（NMR）并结合材料学技术，开展了对蜘蛛卵鞘丝次要成分蛋白 TuSp2 的结构与成丝机理研究，并发现由主要与次要成分蛋白共同纺出的人造丝的强度比天然卵鞘丝更优异，为理性设计高力学性能丝蛋白材料提供了新的方向。

2021 年 10 月，王泽方教授团队在美国科学院院刊《Proceedings of the National Academy of Sciences of the United States of America》（《PNAS》）上发表题为“Structural and Mechanistic Insights into the Complexes Formed by Wolbachia Cytoplasmic Incompatibility Factors”的研究论文，破解了科学家如何操纵细菌，导致蚊子“不孕不育”的分子机制。这一工作揭示了在 Wolbachia 感染蚊虫过程中诱导 CI 发生和拯救现象的普适分子机制，为

在分子水平上理解 CI 奠定基础。对利用 Wolbachia 和 CI 防控蚊媒疾病和农业虫害具有重要意义。

2022 年 3 月，王泽方教授团队在《Nature Communications》上发表题为“Crystal Structures of Wolbachia CidA and CidB Reveal Determinants of Bacteria-induced Cytoplasmic Incompatibility and Rescue”的研究论文，报道了通过设计沃尔巴克氏菌胞质不相容性因子，实现了人工操纵胞质不相容。这种本由细菌引发的胞质不相容性现象被用于控制蚊虫种群的数量，从而达到防治虫媒疾病的目的。此项研究成果是王泽方教授团队继揭示胞质不相容性的分子机制之后，在抗蚊媒疾病研究领域取得的又一重要进展。

2022 年 3 月，吕春婉团队联合美国佐治亚医学院 Kebin Liu 教授团队，在磷酸戊糖途径调控间质瘤死亡的研究中取得重要突破，在《Oncogene》上发表题为“H3K9me3 represses G6PD expression to suppress the pentose phosphate pathway and ROS production to promote human mesothelioma growth”的研究论文，文中指出：6- 磷酸葡萄糖脱氢酶（G6PD）作为代谢检查点可调控糖代谢向磷酸戊糖途径（PPP）流动。H3K9me3 可抑制 G6PD 的表达，从而在间质瘤中增强糖酵解途径，激活 G6PD 可提高活性氧自由基（ROS）的产生，从而促进间质瘤细胞的凋亡，从药理学上激活 G6PD 可在体内有效抑制间质瘤的生长。

2022 年 9 月，叶升课题组与严汉池课题组、深圳先进研究院张小康课题组、清华大学陈立功课题组、西湖大学裴端卿课题组合作，在《Cell Report》杂志发表题为“Embigin facilitates monocarboxylate transporter 1 localization to the plasma membrane and transition to a decoupling state”的研究论文。通过高分辨单颗粒冷冻电镜、细胞成像技术、体外亲和纯化技术以及表面等离子体共振等研究手段，揭示了伴侣蛋白 embigin 调控人源单羧酸转运体 1（MCT1）定位在细胞膜上和改变 MCT1 协同转运的分子机制。

2022 年 11 月，乔安娜、叶升团队联合湖北大学吴姗团队，在《Nature Communications》杂志发表题为“Activation and Signaling Mechanism Revealed by GPR119-GsComplex Structures”的研究文章。首次解析了两种代表性激动剂 AR231453（第一个人工合成的 GPR119 激动剂）和 MBX-2982（处于Ⅱ期临床研究）结合的人源 GPR119 -Gs 复合物的单颗粒冷冻电镜结构，分辨率分别为 2.87 Å 和 2.33 Å。研究者发现 GPR119 与其他 classA 家族 GPCR 不同结构骨架和结合口袋，结合细胞水平功能实验和分子动力学实验等方法，阐明了 GPR119

的配体识别和与下游 Gs 蛋白结合的分子机制，为药物的研发提供结构基础。

2022 年 11 月，王泽方教授课题组在《Nature Communications》上发表题为“Biodegradation of Highly Crystallized Poly（ethylene terephthalate）Through Cell Surface Codisplay of Bacterial PETase and Hydrophobin”的研究论文，构建了一种通过工程化的全细胞酵母催化剂实现高结晶度 PET（hcPET）的高效降解。此项研究提供了一种高效生物降解 hcPET 的策略，证明了表面展示系统的可塑性，通过在表面展示系统中引入不同的功能模块，可以大大提高其性能，对开发其他高性能协同表面展示系统具有重要的借鉴意义。

四、发明专利

自成立以来，生命科学学院十分重视知识产权的保护与转化，知识产权创造量质皆升。截至 2023 年，共授权专利 49 项，转化专利 13 项（表 4–8）。

表 4–8　历年专利授权转化情况

年份	授权专利数	转化专利数
2017	3	—
2018	4	—
2019	7	—
2020	7	7
2021	10	5
2022	9	—
2023	9	1

第四节　社会服务贡献

生命科学学院充分发挥学科特点和人才优势，积极服务经济社会发展，取得了显著成效。聚焦病毒结构解析、病毒致病及免疫机制，在寨卡、非洲猪瘟、新冠等病毒的蛋白结构、病毒复制及免疫逃逸的分子机制方面取得成果。黄金海教授、王涛教授入选教育部病毒学教学资源建设专家，完成了病毒与免疫、动物病毒、疫苗学等有关章节知识图谱架构绘制及内容撰写。新冠疫情爆发后，黄金海教授团队快速制定了病毒、抗体快速诊断以及疫苗、小分子抗体等生物防治制剂等的研发方案，进行应急科研攻关，该团队与北京华科泰生物科技有限公司合作，获科技部新冠防控应急专项支持，研发的新型冠状病毒抗原荧光免疫层析快速检测试剂盒获欧盟认证及新加坡生产文号，试剂盒在火神山医院、方舱医院等完成验证及临床检测使用并出口海外，在疫情防控中发挥了积极作用。

学院教师积极参与生物安全相关工作，参与起草科技部《生物技术研究开发安全管理办法》，参与修订了《人类遗传资源管理条例》。参与撰写《应对非洲猪瘟疫情的紧急对策建议》专家建议书，教育部科技委报送国务院领导和国家有关部委，为非洲猪瘟疫情的防控作出了贡献。新冠疫情爆发后，在病毒溯源等方面提供了许多有价值的信息和建议，得到相关单位的充分认可。

紧密围绕早期筛查与诊断检测中存在“检不出、检不准、检不快”等突出问题，常津教授课题组聚焦检测材料、技术和设备三个核心环节，突破了目前针对肿瘤、传染病、心脏病、糖尿病、高血压等多种疾病检测中灵敏度低、背景信号高、操作复杂、价格昂贵等瓶颈，取得了系列具有自主知识产权和核心竞争力的科研成果。目前相关产品已推广至全国数百家医院、第三方实验室和体检机构，具有显著的经济效益，创造了明显的社会效益，同时培养了一批实践经验丰富的中青年专家和科研骨干，有效地推动了生物医学检测领域的发展。

学院致力于生物知识普及和社会服务。举办“北洋大讲堂”生物学名人系列，邀请院士专家进行科普知识讲座。举办“野外实习标本展”，展出高等植物标本、昆虫标本、海滨无脊椎动物标本、藻类标本和手绘图等近千件。天大“海棠季”开放日期间，打造海棠花构造科普、DNA 模型拼装、海藻酸钠凝胶模具制作等特色“公开课”，累计参与人数超过 4 万。组织学生实践队赴甘肃省宕昌县开展教育帮扶支教活动，在三个学校建立生物标本“梦想教室”，捐赠显微镜、科普读物、生物标本等物资。实践队立足专业特色带孩子们捕捉昆虫制作标本，开设生涯规划、野外实习、爱国教育等特色课程，在当地播撒理想的种子。结合专业领域研究前沿开展社会服务，与天津博物馆签署战略合作协议，从馆藏文物微生物学研究着手，结合文物保存环境监测数据和防霉除菌技术实验与研发，为博物馆提供微生物防治方案。

第五节　学术委员会的组建及作用

作为学院的最高学术机构，学术委员会对重要学术事务进行决策、审议、评定和咨询，负责组织学术交流，制定学术规范，进行学风维护和道德建设。学术委员会致力于维护学院学术声誉，倡导学术自由，鼓励学术创新，促进学术发展和人才培养，提高学术质量，弘扬科学精神，树立优良学风。坚持公平、公正、公开的原则，保障广大教师和科研工作者在教学、科研和学术事务管理中充分发挥主体作用，促进学院科学发展。2012 年，中国科学院饶子和院士任生命科学学院学术委员会主任。2014 年，天津大学进行了学术委员会换届，饶子和院士任天津大学学术委员会（2014—2018）委员。2019 年，生命科学学院叶升教授任天津大学学术委员会（2019—2023）委员。2023 年，学校完成天津大学学术委员会换届工作，叶升教授任新一届天津大学学术委员会（2023—2027）委员。为提升学术治理能力，提高学术水平，完善学院内部治理结构，保障学术委员会有效发挥作用，学院于 2021 年制定并发布了《天津大学生命科学学院学术委员会章程》，组建第一届学术委员会（表 4-9），2023 年对部分委员进行了调整与增补（表 4-10）。

表 4-9　生命科学学院学术委员会第一届成员名单（2021 年）

院学术委员会	姓名
主任	叶升
副主任	常津
	黄金海
	王汉杰
委员	林志
	米立志
	王生
	王涛
	王泽方
秘书	张银兴

表 4-10　生命科学学院学术委员会第一届成员名单（2023 年增补）

院学术委员会	姓名
主任	叶升
副主任	常津
	王涛
	王汉杰
委员	黄金海
	林志
	米立志
	王生
	王泽方
	乔安娜
	轩维民
秘书	张银兴

·第五章　平台建设·

第一节　本科教学实验室建设

2015 年生命科学学院本科教学实验室投入使用。此时学院建有本科教学实验室 2 间、实验准备室 1 间，总建筑面积 187 平方米，购置了本科生专业实验课程必需设备共计 165 台套，价值 103 万元。经过两年的建设发展，2017 年，经天津大学批准正式建制为“生命科学学院教学实验室”（图 5–1）。2022 年，本科教学实验室扩展为 5 间，建筑面积 325 平方米。生命科学学院教学实验室承担的实验课程及开课年份见表 5–1。

图 5–1　生命科学学院教学实验室

表 5-1　生命科学学院实验中心开设课程

序号	课程名称	开课年份	面向年级
1	普通生物学实验	2015 年	一年级
2	无机及分析化学实验	2022 年	一年级
3	微生物学实验	2015 年	二年级
4	细胞生物学实验	2015 年	二年级
5	遗传学实验	2015 年	二年级
6	生物化学实验	2016 年	二年级
7	生物学综合设计Ⅰ	2021 年	二年级
8	生物学综合设计Ⅱ	2022 年	三年级

第二节　公共仪器平台建设

生命科学学院公共仪器平台始建于 2012 年，瞄准学校生命学科及相关交叉学科发展需求，作为学院科研支撑系统的重要组成部分，以“资源共享、高效服务”为目标，为高水平的科研与教学提供技术支撑和测试服务，是学校重要的院级公共技术服务平台之一。公共仪器平台包括 6 间仪器室，建筑面积 258 平方米，配置了 X 射线单晶衍射仪、活细胞激光共聚焦成像分析系统、多功能酶标仪、流式细胞仪、高效液相色谱、超速离心机、荧光定量 PCR 仪等大型仪器设备。

公共仪器平台现有实验技术人员 4 人，其中副高级职称 2 人，中级职称 2 人。通过网络管理系统实现多台仪器的实时控制，为广大师生提供 7×24 小时开放服务。《生命科学学院公共仪器平台设备管理制度》《生命科学学院公共仪器平台仪器操作培训须知》《生命科学学院公共仪器平台仪器使用违规处理办法》等管理制度为平台的运行保驾护航。

根据学院发展建设需求，2014 至 2021 年期间调整了公共仪器平台部分空间布局，新增化学发光多色荧光凝胶成像系统，建设了线上线下相结合的仪器培训课程，增加仪器终端控制系统，公共仪器平台的管理得到了完善提升。2022 年，抓住教育部扩大投资专项贷款项目的契机，平台购置了包括高内涵共聚焦成像分析系统、实时高通量荧光成像分析仪、高通量生物分子相互作用分析仪等在内的大型仪器设备。公共仪器平台设备情况见表 5-2。

表 5-2 生命科学学院公共仪器平台设备列表

设备名称	型号
高内涵共聚焦成像分析系统	Opera Phenix Plus
实时高通量荧光成像分析仪	Flipr Penta
高通量生物分子相互作用分析仪	Octet R8
激光共聚焦显微镜	Stellaris 5
多模态分子诊断透视成像系统	IVIS Lumina
小动物活体光声成像系统	MarsonicsPIIP128M-Si256
近红外二区小动物活体荧光成像系统	NirVivo-Pro
多功能酶标仪	EnVision 2015
流式细胞仪	CytoFLEX
流式细胞仪	CytoFLEX LX
双色红外荧光与化学发光成像系统	Odyssey FC
X 射线单晶衍射仪	MicroMax-007HF Microfocus
活细胞激光共聚焦成像分析系统	UltraView VOX
超速离心机	Optima XPN-100
流式细胞仪	FACSCalibur
多功能酶标仪	EnSpire
荧光定量 PCR 仪	Lightcyler96
高效液相色谱系统	Waters2695
荧光倒置显微镜	IX73
冰冻切片机	1950 OUVV
高效离心机	Avanti J-26S XP
高速落地离心机	Thermo Scientific Sorvall LYNX 6000

第三节 生物安全二级实验室建设

生命科学学院生物安全二级实验室始建于 2015 年，于 2018 年在天津市南开区卫健委完成备案工作并投入使用。实验室占地面积 56.16 平方米，除了生物安全柜、高压灭菌器等常规仪器外（图 5-2），还配备了激光共聚焦显微镜和小动物活体成像系统，借助上述仪器，利用近红外发光和穿透能力强的稀土纳米粒子对多种病毒的不同部位标记，实现病毒在宿主细胞内运动行为的动态示踪，在模型动物体内病毒感染进程和组织分布情况的动态示踪，揭示病毒的感染机制。多年来，生物安全二级实验室为学院在面向人民生命健康、聚焦重大疾病防控及公共卫生健康领域开展科学研究工作提供了重要保障，助力了国家重点研发计划等项目的顺利完成。

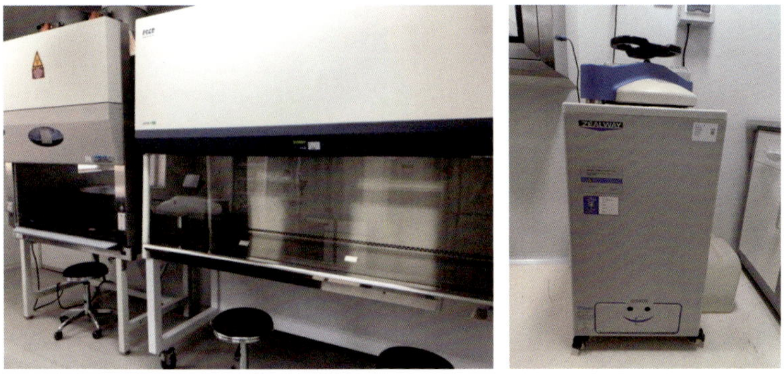

图 5-2　生物安全二级实验室内配备的生物安全防护设备：生物安全柜与高压灭菌器

2022 年 7 月，根据国家和天津市对生物安全二级实验室的最新要求，结合学科发展需要，学院对生物安全二级实验室进行升级改造，增加实验室占地面积，重构实验室空间布局。2023 年 9 月，完成全部改造工作。升级改造后的生物安全二级实验室配备了缓冲间和实验操作间，增加了洗消间和气瓶间，气体流向采用全新风机组，配备了一体化智能温、湿度终端控制系统，在生物安全规范性和使用便捷性等方面均得到了显著提升，相比国内同级别实验室处于领先水平（图 5-3）。

图 5-3　生命科学学院生物安全二级实验室（升级改造后）

· 第六章　合作交流 ·

第一节　国内合作交流

一、校际合作交流

生命科学学院积极与国内高校、科研院所、企业对接，开展交流合作。截至 2023 年 12 月，学院与浙江大学、南京大学、南开大学、厦门大学、哈尔滨工业大学等国内 20 余所高校、研究所及公司开展合作交流，内容涉及人才培养、科研合作等诸多方面。

2013 年 12 月 25 日，天津市科委生物医药处一行来访学院，双方围绕发展建设、科研项目申报等相关工作，进行了座谈交流（图 6–1）。

图 6–1　天津市科委生物医药处到访

2016 年 1 月 6 日，广西大学副校长罗廷荣一行来访生命科学学院（图 6-2），双方就学院发展建设、科研事业发展等主题交换了意见，并共同表示，未来将加强合作交流，共谋发展。

图 6-2　广西大学副校长罗廷荣一行到访

2016 年 1 月 11 日至 13 日，生命科学学院先后赴哈尔滨工业大学生命科学与技术学院、东北师范大学生命科学学院进行实地调研，就学生思想政治教育、研究生培养和实验室平台建设及管理工作、工会之家建设等学院发展的关键问题，学习兄弟高校的先进经验，加强学院治理体系和治理能力建设（图 6-3）。

2016 年 3 月，中共江苏省阜宁县委组织部、人社局、科技局及企业代表等一行来访生命科学学院。学院党总支与中共江苏省阜宁县委组织部签订了院地合作协议，在科技研发、技术攻关、科技成果转化、人才引进等方面开展全方位、多层次的合作（图 6-4）。

图 6-3　学院赴哈尔滨工业大学生命科学与技术学院、东北师范大学生命科学学院调研

图 6-4　中共江苏省阜宁县委组织部到访

2016 年 5 月，生命科学学院与天津师范大学生命科学学院签订本科生联合实习协议（图 6-5），与烟台大学生命科学学院、烟台市昆嵛山林场三分厂签订实习基地共建协议（图 6-6），以全面保障野外综合实习顺利开展。2016 年 6 月 30 日至 7 月 9 日，学院 2013 级生物科学专业本科生在带队教师的指导下在山东省烟台市昆嵛山、崆峒岛、月亮湾、新安河特大桥等地完成了“野外综合实习”课程的学习（图 6-7）。

图 6-5　与天津师范大学生命科学学院签订本科生联合实习协议

图 6–6　与烟台大学生命科学学院、烟台市昆嵛山林场三分厂签订实习基地共建协议

图 6–7　2013 级本科生开展野外综合实习

2018 年 5 月 5 日，生命科学学院与天津博物馆签署战略合作协议。双方希望通过馆校合作，联合攻克文物保护关键技术，互利共赢，共同发展（图 6–8）。天津博物馆将继续发挥好社会服务作用，为馆校科研合作、人才培养搭建平台，同时也希望天津大学优秀毕业生来馆工作。

2019 年 7 月，天津大学“梦支队”暑期社会实践队赴甘肃省宕昌县官亭九年制学校开展支教活动，生命科学学院专业教师袁文肃被聘任为“梦想导师”（图 6–9）。袁文肃老师代表天津大学捐赠了显微镜、植物、昆虫、海洋无脊椎动物标本和生物学科普书籍等一系列物资。天津大学社会实践队此行不仅为孩子们带来了教育物资，更带来了梦想与希望。截至 2023 年，已在甘肃宕昌建立 3 间“生物梦想教室”，以教育帮扶助力实现乡村振兴。

图 6–8　天津大学生命科学学院与天津博物馆签署战略合作协议

图 6–9　在甘肃省宕昌县开展支教活动

2021 年 2 月 4 日，天津大学与中国科学院基础医学与肿瘤研究所签署战略合作协议，生命科学学院作为主要参与单位出席签约仪式（图 6–10）。合作旨在有效整合双方在科研、教学、临床方面的优质资源，共同开展生命健康领域的重大科技创新，培养高水平创新人才。

2021 年 6 月 10 日，生命科学学院领导班子成员及教师代表赴南开大学生命科学学院访问调研（图 6–11）。双方围绕党建工作、师资队伍建设、本科教学、研究生教学、国际化交流和学生工作等方面，进行了深入交流。双方希望未来能够在学生培养、学术交流、仪器设备使用等方面加强合作，实现优势互补，资源共享。

2021 年 10 月 15 日，中国科学院院士、中科院医学所所长、国科大肿瘤医院院长谭蔚

图 6–10　天津大学与中国科学院基础医学与肿瘤研究所签署战略合作协议

图 6–11　赴南开大学生命科学学院调研

泓一行来访生命科学学院，双方围绕研究生联合培养、人才团队建设、实验平台建设、科研和产业化项目等方面进行研讨，细化合作方案（图 6–12）。2021 年起，生命科学学院与中科院医学所开展硕博研究生联合培养，设立双导师制，联合开展科研攻关，共同培养高水平创新人才。

2021 年 12 月 2 日，中科院苏州医工所天津工研室到访学院并进行座谈交流，与会人员就开展科研合作、人才联合培养、科研平台共享等问题达成共识，并表示将积极推动校企合作向纵深发展（图 6–13）。

图 6–12　中国科学院院士、中科院医学所所长、国科大肿瘤医院院长谭蔚泓到访

图 6–13　中科院苏州医工所天津工研室到访

2023 年 4 月 24 日，生命科学学院赴南京大学生命科学学院开展调研（图 6–14），围绕基础学科拔尖学生培养计划 2.0 基地建设、本科生培养方案修订、本研贯通和衔接机制、学生就业和创新创业教育、师生党支部建设及党员作用发挥、师资队伍建设、实验教学中心和仪器平台管理等方面工作深入开展座谈交流。

2023 年 6 月 13 日，生命科学学院与中国科学院苏州医工所天津工研室共建课外实习实践基地签约仪式在生命科学学院举行（图 6–15）。双方就校企合作发展规划问题展开深入研讨，针对工程博士的人才培养模式、学生实习实践机制、企业导师聘用、主题教育联学等相关问题达成初步共识。

2023 年 7 月 13 日，龙岩学院生命科学学院到访天津大学生命科学学院，双方围绕教学科研、学科建设、学生工作等内容开展座谈交流，达成合作共识（图 6–16）。2024 年 1 月，学院与龙岩学院生命科学学院签署对口支援协议，并明确 2024 年合作的十项举措。

图 6-14　赴南京大学生命科学学院开展调研

图 6-15　中国科学院苏州医工所天津工研室课外实习实践基地签约仪式

图 6-16　龙岩学院生命科学学院到访

二、校企合作交流

学院注重培养学生的创新能力和实践能力，积极与企业开展合作交流，先后与博奥赛斯（天津）生物科技有限公司、天津瑞普生物技术股份有限公司、天津华科泰生物技术有限公司、天津金域医学检验实验室有限公司、中国科学院苏州医工所天津工研室、青竹学院、天津博物馆等共建实习实践基地，为学生实习、就业等搭建成长平台。

2022 年 8 月 15 日，生命科学学院组织师生赴天津瑞普生物技术股份有限公司（瑞普生物）走访参观，并与公司联合举行校外实习实践基地授牌仪式，标志着天津瑞普生物技术股份有限公司（瑞普生物）正式成为天津大学校外实践基地（图 6-17）。此次授牌仪式标志着双方校企合作与人才培养新关系的正式建立。未来双方将进一步加强战略合作，为学生提供优质的实习实践平台，不断提高人才培养质量，助力国家医药行业建设。学院与瑞普生物联合申报的天津市动物健康创新联合体成功获批 2023 年天津市创新联合体。

2022 年 8 月 16 日，生命科学学院组织师生赴天津华科泰生物技术有限公司（华科泰生物）走访参观，并与公司联合举行校外实习实践基地授牌仪式，标志着天津华科泰生物技术有限公司（华科泰生物）正式成为天津大学校外实践基地（图 6–18）。学院将与天津华科泰生物技术有限公司继续加强合作关系，深化“产学融合”模式，为学生提供优质实践平台，以国家需求为导向，广泛培养学科交叉人才，为国家生物医药行业发展贡献力量。

图 6–17　天津瑞普生物技术股份有限公司
校外实习实践基地授牌仪式

图 6–18　天津华科泰生物技术有限公司
校外实习实践基地授牌仪式

2022 年 8 月 17 日，生命科学学院组织师生走访天津金域医学检验实验室有限公司（天津金域）并与企业联合举行校外实习实践基地授牌仪式（图 6–19）。此次实习实践基地的建立标志着校企合作的进一步深化，为学生的成才提供条件，为国家培养更多高素质人才，助力生物行业发展。

2023 年 4 月 12 日，江苏先声药业有限公司来访生命科学学院并开展座谈交流（图 6–20）。双方就项目合作、实习基地共建、联合开展第二课堂、学生创业孵化等内容进行深入交流。

2023 年 4 月 13 日，天津天士力控股集团来访生命科学学院（图 6–21）。双方就科研项目成果转化、研究生联合培养、实习基地共建以及人才需求对接等方面进行深入交流探讨。

图 6-19　天津金域医学检验实验室有限公司校外实习实践基地授牌仪式

图 6-20　江苏先声药业有限公司到访

图 6-21　天津天士力控股集团到访

2023 年 5 月 15 日，吉林省人民政府驻天津办事处交流合作中心、长春百克生物科技股份公司一行来访生命科学学院（图 6-22）。校企双方就联合培养博士后、科研攻关、学生就业等方面进行了深入交流与讨论，并对下一步合作达成了初步共识。

2023 年 6 月 12 日，天津大学生命科学学院 - 青竹学院校企联合人才培养共建基地签约仪式在生命科学学院举行，未来双方将进一步加强合作，在创新创业、就业能力提升等方面为学生提供高质量培训课程，助力学生成长成才（图 6-23）。

图 6–22　吉林省人民政府驻天津办事处交流合作中心、长春百克生物科技股份公司一行到访

图 6–23　天津大学生命科学学院 – 青竹学院校企联合人才培养共建基地签约仪式

学院高度重视科研成果转化，基于上述良好的校企合作基础，经过多年积累，学院与博奥赛斯（天津）生物科技有限公司等企业合作，研发出一系列针对肿瘤、传染病等疾病的检测试剂盒产品，实现了进口产品的部分替代，产品已推广至全国 30 个省区市数百家医院及体检机构，为患者节省超过 40% 的检测费用；与北京华科泰生物技术股份有限公司联合申报获批科技部新冠防控应急专项支持，研发出的“新冠病毒抗原荧光免疫层析快速检测试剂盒”获欧盟认证及新加坡生产文号，在火神山医院及相关方舱医院完成验证及使用并出口海外。

三、学术合作交流

2021 年以来，生命科学学院先后邀请清华大学、北京大学、上海交通大学等高校多位院士、杰青做客“生科卓越讲坛”，开展学术合作交流（表 6–1）。

表 6–1　生科卓越讲坛讲座列表

序号	讲座题目	主讲人	主讲人简介
1	把“冷门”焐热，让“热门”升华——我平凡科研案例背后的科学与人文思考	邓子新	中国科学院院士，第三世界科学院院士，美国微生物科学院院士，时任微生物代谢国家重点实验室（上海交通大学）主任、中国微生物学会理事长、中国农业生物技术学会副理事长、国际工业微生物遗传学组织专家委员会主席
2	基因功能补偿与遗传稳定性维持	彭金荣	国家杰出青年科学基金获得者，浙江大学动物科学学院教授
3	心肌细胞钙信号转导调控：从冬眠到心衰	王世强	国家杰出青年科学基金获得者，时任北京大学生命科学学院副院长、中国生理学会副理事长、教育部生物科学类专业教学指导委员会秘书长

续表

序号	讲座题目	主讲人	主讲人简介
4	人类饮食与胆固醇代谢	宋保亮	中国科学院院士，时任中国医学科学院学部委员，武汉大学党委常委、副校长，武汉大学生命科学学院院长、泰康医学院（基础医学院）院长、泰康生命医学中心主任
5	TGF-β 信号对于癌症的调控	冯新华	浙江大学求是讲席教授，时任生命科学研究院首席研究员与院长、中国细胞生物学学会常务理事与信号转导分会会长、肿瘤细胞生物学分会委员、中国蛋白质专业委员会理事、中国科协生命科学学会联合体学术咨询顾问委员会委员
6	植物代谢的变异——从单基因到基因簇	罗杰	国家杰出青年科学基金获得者，海南大学热带作物学院教授
7	活体高时空分辨率成像	陈良怡	国家杰出青年科学基金、优秀青年基金获得者，北京大学分子医学研究所博雅特聘教授，北京大学麦戈文脑研究所、北京智源人工智能研究院、北京市协同创新研究院兼职研究员
8	线粒体稳态调控的分子机制	陈佺	国家杰出青年科学基金获得者，时任南开大学生命科学学院院长、药物化学生物学国家重点实验室主任
9	Structural basis for asymmetric dimer activation in class C GPCRs	刘剑峰	国家杰出青年科学基金获得者，“万人计划”领军人才，时任华中科技大学生命科学与技术学院院长，教育部分子生物物理重点实验室主任
10	细胞外非编码 RNA: 物种共进化与适应的生物媒介	张辰宇	国家杰出青年科学基金获得者，时任南京大学生命科学学院院长
11	分子医学助力健康中国	谭蔚泓	中国科学院院士，时任中国科学院基础医学与肿瘤研究所（中科院医学所）所长，湖南大学教授，兼任上海交通大学分子医学研究院院长
12	新型遗传编码探针，窥探大脑大麻素动态变化	李毓龙	国家杰出青年科学基金获得者，北京大学生命科学学院教授，北大－清华生命科学联合中心、北京大学－IDG/麦戈文脑科学研究所研究员
13	Metabolic damage of mitochondria	杨崇林	国家杰出青年科学基金获得者，时任云南大学生命科学学院院长、生命科学研究中心主任
14	The Hippo signaling pathway in development and disease	周大旺	国家杰出青年科学基金获得者，时任厦门大学副校长
15	矛与盾：新冠病毒与聚合酶抑制剂	饶子和	中国科学院院士，美国艺术与科学院院士，时任中国科学院学部主席团成员、中科院学部咨询评议委员会主任、中国生物物理学会名誉理事长，中国科协生命科学学会联合体创始主席、天津市科协主席
16	类器官在生物医药行业中的应用	陈晔光	中国科学院院士，清华大学教授
17	重大突发公共卫生事件中的化学测量学	李景虹	中国科学院院士，入选新基石研究员项目，清华大学化学系教授，时任化学系学术委员会主任，清华大学分析中心主任
18	均一颗粒的可控制造及其在疫苗工程中的应用	马光辉	中国科学院院士，美国医学与生物工程院（AIMBE）Fellow，时任生化工程国家重点实验室主任

续表

序号	讲座题目	主讲人	主讲人简介
19	多细胞生物自噬的分子机制及自噬异常与疾病的关系	张宏	中国科学院生物物理所研究员
20	Hippo Signaling in Organ Development, Regeneration, and Tumorigenesis	张雷	中国科学院上海生化与细胞所研究员，中科院特聘研究员，上海科技大学特聘教授，中国科学院大学杭州高等研究院双聘教授
21	Epigenetics: remember the past & prepare for the future	朱冰	美国霍华德－休斯医学院首届国际青年科学家奖得主，入选首期新基石研究员项目
22	Nutrient sensing and the regulation of mTOR signaling	刘颖	北大－清华生命科学联合中心研究员，北京市未来基因诊断高精尖创新中心研究员，新基石研究员，美国霍华德休斯医学研究所国际研究学者，北京大学未来技术学院教授、副院长
23	染色质结构与人类疾病	李国红	国家杰出青年科学基金获得者，时任武汉大学生命科学学院院长、教授
24	生长因子类药物的临床转化医学研究	李校堃	中国工程院院士，时任温州医科大学党委副书记、校长、药学学科带头人，基因工程药物国家工程研究中心首席专家
25	基因编辑技术	魏文胜	第九届谈家桢生命科学创新奖获得者，北京大学生命科学学院教授
26	细胞治疗在实体肿瘤中的应用和挑战	周鹏辉	中山大学肿瘤防治中心、华南肿瘤学国家重点实验室教授
27	溶酶体的分子生理学	徐浩新	浙江大学求是讲席教授，美国密歇根大学生物学系客座教授，时任浙江大学基础医学院院长
28	Decoding the transcription circuitry in early mammalian development	颉伟	清华大学生命科学学院教授，美国霍华德休斯医学研究所国际学者
29	Cancer Theranostics	陈小元	欧洲科学院院士，新加坡国立大学教授，时任《Acc Chem Res》《ACS Nano》等多家杂志的编委，《Theranostics》杂志的创刊主编
30	Neocortical assembly and operation	时松海	中国科学院院士，时任清华大学生命科学学院院长、教授，清华大学－IDG/麦戈文脑科学研究院院长，北京生物结构前沿研究中心 PI
31	T 细胞在肿瘤中的调控机制	董晨	中国科学院院士，时任上海市免疫治疗创新研究院院长、上海交通大学医学院和药学院讲席教授，首届新基石研究员，清华大学医学院教授（双聘）、清华大学免疫学研究所 PI
32	蛋白质机器与病原体	饶子和	中国科学院院士，美国艺术与科学院院士，时任中国科学院学部主席团成员、中科院学部咨询评议委员会主任、中国生物物理学会名誉理事长，中国科协生命科学学会联合体创始主席、天津市科协主席

2019 年 4 月 20 日，生命科学学院与天津市科协生命科学学会联合体共同举办“第 39 届学术年会暨全国纳米医学与工程高峰论坛”（图 6–24），吸引了来自纳米医学与工程

领域的600余名学者参会，提升了学院的学科影响力。此次高峰论坛的召开对天津大学的学科建设和学科布局具有重要意义，给天津大学相关学科的发展注入新的动力和新的养分，为人民健康医疗服务贡献天大智慧和天大力量。

2023年6月10日，生命科学学院举办第一届蛋白质设计与应用学术会议（图6-25），为学院师生提供了前沿研究的交流互动平台，为学院及生物学科的未来发展指明了方向。

图6-24　2019年全国纳米医学与工程高峰论坛

图6-25　第一届蛋白质设计与应用学术会议

第二节　国际合作交流

一、学术合作交流

生命科学学院积极扩大海外学术交流，于 2012 年成立了天津大学－美国约翰霍普金斯大学病毒分子生物学联合实验室。2013 年聘任澳大利亚昆士兰大学校长 Peter Hoj 教授、2004 年诺贝尔化学奖得主 Aaron Ciechanover 教授为天津大学名誉教授。2016 年，“疾病相关生物大分子结构研究”获批海外及港澳学者合作研究基金。2020 年，“从感染、复制、组装及动物模型等四个层面引进高端外专深化合作以推进针对 SARS-CoV-2 的传播力、毒力研究与药物开发”获批科技部高端外国专家引进计划项目（新冠专项）。

2013 年起，昆士兰大学、爱丁堡大学、鲁汶大学、中国香港中文大学等先后来访天津大学生命科学学院，洽谈科研合作及人才培养等事宜。学院派出青年教师赴牛津大学、威斯康星大学、加州大学戴维斯分校、多伦多大学等高校做访问学者，开展科研学术交流。学院教师赴美国、日本、澳大利亚、意大利等国家参加国际学术会议，不断提升学院国际影响力。邀请生命科学领域优秀外国专家学者作线上学术报告，增进交流合作。

二、国际暑期学校

生命科学学院注重开拓学生的国际化视野，先后派出学生赴美国耶鲁大学、以色列理工学院、美国加州大学伯克利分校、芬兰图尔库大学等交流培养，选拔优秀本科毕业生赴海外名校做毕业设计。2023 年 8 月，生命科学学院与理学院联合举办了基础学科拔尖学生“成长伙伴”2023 年国际暑期学校化学与生物前沿讲座（图 6-26），邀请国际知名结构生物学家、美国西南医学中心教授 Youxing Jiang，美国生物物理学家、美国科学院院士 Taekjip Ha，英国皇家化学会会士、德国分子和结构生物学家 Jan Löwe 等作讲座，旨在培养学生的创新思维与能力。此次国际暑期学校，是学院对国际化教育与交流的深入探索，是学生培养的创新举措。学院现有来自马来西亚、苏里南、泰国等国家的本科生留学生 20 人。

图 6-26　2023 年国际暑期学校化学与生物前沿讲座

三、国际竞赛

2015 年，生命科学学院成立 TJUSLS-China 国际基因工程机器大赛（iGEM）参赛团队，连续多年参加国际基因工程机器大赛（iGEM）。截至 2023 年，学院参赛团队累计获得 6 金 1 银 1 铜、4 项单项奖和 9 项提名奖。iGEM 竞赛是合成生物学领域的国际顶级学术性竞赛，最早由美国麻省理工学院于 2003 年发起，是一项以合成生物学为核心，综合生命科学、数学、工程学、信息科学、艺术设计等多个学科的国际大赛，受到《Nature》《Science》《Scientific American》《Economists》等学术期刊，以及英国广播公司（BBC）等媒体的广泛关注和专题报道（图 6-27~ 图 6-30）。

图 6-27　2015—2016 年天津大学生命科学学院 iGEM 团队合影
（左：2015 年，右：2016 年）

图 6-28　2017—2018 年天津大学生命科学学院 iGEM 团队合影
（左：2017 年，右：2018 年）

图 6-29　2019—2020 年天津大学生命科学学院 iGEM 团队合影
（左：2019 年，右：2020 年）

图 6-30　2021—2023 年天津大学生命科学学院 iGEM 团队合影
（左：2021 年，中：2022 年，右：2023 年）

·第七章　党的建设·

第一节　直属党支部时期（2013.06—2014.10）

2013 年 6 月 19 日，经学校九届第 4 次党委常委会研究决定，成立中国共产党天津大学生命科学学院直属党支部。直属党支部书记为张蕾（女），副书记为赵剑。

这一时期，直属党支部认真贯彻落实党的十八大精神和学校党委的部署要求，紧密围绕学院教学科研工作、师生思想政治工作、学生成长成才工作，充分发挥党组织的战斗堡垒作用，团结带领全体党员和广大师生员工，凝心聚力谋发展，推动党建工作与学院事业发展“两手抓、两不误、两促进”。

（一）扎实开展党的群众路线教育实践活动

2013 年 7 月—2013 年 12 月，学院认真部署、扎实推进党的群众路线教育实践活动（图 7-1），围绕“践行群众路线、聚焦作风建设、凝聚发展力量，加快建设特色鲜明的生命科学学院”主题，结合学院中心工作，抓好“学习教育，听取意见”“查摆问题，开展批评”“整改落实，建章立制”三个环节重点工作，教育实践活动取得显著成效。领导班子成员带头深入学习，带头查找问题，带头开展批评和自我批评，带头制定整改落实措施，深入师生，服务师生，创新发展理念，破解发展难题，将直属党支部密切联系群众的优势转化为推动学院改革创新、内涵发展的强大力量。

图 7-1　党的群众路线教育实践活动总结大会

（二）加强制度建设，发挥院级党组织在学院事业发展过程中的保证监督作用

正值学院发展初期，为了保证和促进学校学院的各项工作和改革建设健康、稳定、顺利发展，学院制定出台了《生命科学学院党政联席会议制度和议事规则》《中心组学习制度》《学院午餐会制度》《院领导接待日》等制度，研究建立长效机制，使制度落到实处、发挥作用。成立学院工会、教代会、青年联谊会、团总支等群团组织，积极发挥群团组织桥梁纽带作用。

党政领导班子成员坚持民主集中制原则，在明确分管工作职责的基础上，按照“集体决策、分工负责、密切配合”的原则，发挥学院领导班子整体作用，保障学院各项工作协调发展。

（三）加强学习型、服务型、创新型基层党组织建设

加强基层党组织建设，开展形式多样、内容丰富的理论学习，推动中国特色社会主义理论体系进教材进课堂进头脑。发挥中心组学习引领和示范作用，不断提高领导干部和师生党员的政治素养和宗旨意识。以服务改革、服务中心工作、服务教师发展、服务学生成长为核心，精心组织开展支部活动，进一步激发基层党组织的活力和服务中心工作的动力。

（四）扎实推进党风廉政建设

学院党政领导班子高度重视党风廉政建设工作，坚持把党风廉政建设工作当作头等大事来抓。注重加强纪律和作风建设，开展经常性反腐倡廉教育，做好廉政风险防控落实情况监督检查，营造风清气正的良好氛围。践行党的群众路线，深入一线问需于师生，找准问题所在、民心所向，让每位师生共享发展成果。

第二节　党总支时期（2014.10—2019.10）

2014 年 10 月 15 日，经学校九届第 32 次党委常委会研究决定，成立中国共产党天津大学生命科学学院总支部委员会。

2014 年 11 月 27 日，生命科学学院召开了第一次党员大会，大会选举产生了第一届党总支委员会（图 7–2）。委员会委员共 5 人，其中书记为张蕾（女），副书记为赵剑，委员为刘立山、张蕾（女）、赵剑、黄金海、常津。

图 7–2　第一次党员大会合影

（左起：赵剑、黄金海、常津、舒歌群、张蕾、张文礼、刘立山）

2017年9月29日，生命科学学院召开了第二次党员大会并选举产生了第二届党总支委员会（图7-3）。委员会委员共5人，其中书记为张蕾（女），副书记为赵剑，委员为刘立山、张蕾（女）、赵剑、黄金海、常津。

图7-3　第二次党员大会合影

（左起：刘立山、常津、张蕾、赵剑、黄金海）

这一时期，在校党委的正确领导下，学院党总支认真贯彻落实党的路线方针政策和党中央重大决策部署，深入学习贯彻习近平总书记关于教育工作的重要论述和指示批示精神，坚持社会主义办学方向，落实立德树人根本任务，加强党的自身建设，团结带领全体党员和广大师生员工干事创业，推动学院各项事业蓬勃发展。

（一）加强师生思想理论武装，铸牢学院发展的政治基础

学院党总支旗帜鲜明讲政治，始终把党的政治建设摆在首位，扎实开展“三严三实”专题教育（图7-4）、“两学一做”学习教育、“不忘初心、牢记使命”主题教育，教育引导师生党员树牢“四个意识”，坚定“四个自信”，做到“两个维护”。坚持开展多层次、多渠道、卓有成效的理论学习，抓好党总支理论学习中心组学习，指导各党支部开展形式多样的理论学习，通过讲授专题党课、举办红旗渠党员专题培训班（图7-5）、参观“庆祝改革开放 40 周年大型展览”等系列活动，不断提高党员和师生员工的政治素质，统一思想，凝聚共识，为学院的快速发展提供良好思想保证。

图 7-4　学院党总支书记张蕾作“三严三实”专题党课

图 7-5　学院党总支举办红旗渠党性教育培训班

（二）加强党的组织建设，发挥党组织的战斗堡垒作用

学院党总支始终将加强基层支部建设作为工作的着力点，根据教师和学生特点科学设置党支部，规范开展组织生活，不断提高组织生活的吸引力和感召力。在15教学楼三楼开辟“党员之家”活动室，为师生党员开展组织生活提供阵地保障。选优配强党支部书记，实施教师党支部书记“双带头人”培育工程，抓好党支部书记、委员和组织员等党建工作队伍建设。坚持党管干部原则，为中青年骨干教师和青年管理干部创造培养锻炼机会。围绕学院中心工作，充分发挥党员先锋模范作用和党支部战斗堡垒作用，多名党员教师获得天津市教育系统优秀共产党员、天津大学优秀共产党员（表7–1）、天津市教育系统优秀思想政治工作者、天津大学（青年）教工示范岗等荣誉，多个团体获得天津市教育系统劳动竞赛示范集体、天津大学劳动竞赛示范集体等称号，多个党支部获得生命科学学院“最佳党日”活动称号（表7–2）。

表7–1 “两优一先”获奖情况

年度	姓名	所获荣誉	级别
2016年	常津	天津市教育系统优秀共产党员	市级
2016年	赵剑	天津大学优秀共产党员	校级
2016年	张丽琳	天津大学优秀共产党员	校级
2016年	刘立山	天津大学优秀党务工作者	校级
2016年	赵剑	生命科学学院优秀共产党员	院级
2016年	郭艳余	生命科学学院优秀共产党员	院级
2016年	张丽琳	生命科学学院优秀共产党员	院级
2016年	彭鑫	生命科学学院优秀共产党员	院级
2016年	王泽方	生命科学学院优秀共产党员	院级
2016年	宫晓群	生命科学学院优秀共产党员	院级
2016年	李婷（学生）	生命科学学院优秀共产党员	院级
2016年	宗俊杰（学生）	生命科学学院优秀共产党员	院级
2016年	李艺（学生）	生命科学学院优秀共产党员	院级
2016年	郑斌（学生）	生命科学学院优秀共产党员	院级
2016年	时培殿（学生）	生命科学学院优秀共产党员	院级

表 7–2　天津大学生命科学学院“最佳党日”活动获奖情况

年度	党支部名称	主题党日活动名称
2016 年	综合党支部	生科之路
2016 年	2014 级学生党支部	学讲话精神 做合格党员
2016 年	2015 级学生党支部	知党、爱党、信党、跟党

（三）推进党务院务公开，建立民主监督机制

学院党总支全面推进学院党务、政务公开制度的建设与实施，学院党政领导班子以学院院务会、党员大会、学术午餐会等为抓手，定期召开党务、院务公开会，规范公开形式，明确公开内容，促进民主监督与管理。加强对人、财、物等职权事项运行的“过程防范”和相关岗位人员的教育管理，进一步强化了内部监督，拓展了外部监督渠道，初步构建了系统的管理和监督机制。充分发挥工会、教代会的参政议政作用，调动民主党派教师投身学院建设的积极性，定期公开事关学院改革发展全局的重大问题和涉及教职工切身利益的重要事项，广泛听取群众意见，保障广大教职工的知情权、参与权、选择权和监督权。

（四）加强党的作风建设，营造风清气正的良好环境

学院党总支注重加强党风廉政建设，坚持“标本兼治、综合治理、惩防并举、注重预防”的方针，强化教育、制度和监督，科学有效预防腐败，营造风清气正的良好环境，为学院事业发展提供坚强保障。坚持学习与教育并重，强化廉政教育，筑牢全员思想防线。加强廉政制度建设，制定《天津大学生命科学学院党风廉政建设责任制实施办法》，贯彻落实党风廉政建设责任制和中央八项规定精神，厉行勤俭节约，加强学院反腐倡廉工作。坚持建立和完善纪检监察工作内部管理制度，推进惩防体系建设。对于研究生招生复试、科研经费使用以及学术诚信等重要问题，积极开展相关理论学习与培训，从源头上预防和治理腐败现象的发生，完善风险防控体系，把问题消灭在萌芽状态。

（五）加强和改进师生思政工作，提升思政工作科学化水平

学院党总支深入贯彻落实全国高校思想政治工作会议精神，围绕立德树人根本任务，把思想政治工作贯穿教育教学全过程，实现全程育人、全方位育人，不断探索学生思想政治教育的有效途径。出台《生命科学学院本科生班主任工作条例》，选优配强班主任、班导师、学业导师队伍，加强辅导员能力培养，强化研究生导师、专业教师育人责任，形成全员育人合力。针对新生入学、毕业离校、国庆等重要时间节点，组织开展爱国主义主题班会等活动，加强学生思想政治教育。召开毕业生座谈会，向毕业生赠送礼物，举办毕业晚会，增强学生对学院的认同感。加强师德师风建设，学院领导定期与学院教师谈心谈话，深入了解教师的思想状况，引导青年教师积极向党组织靠拢。学院先后获批天津大学第二期师德立项（2016 年）、天津大学教工思想政治工作优秀示范项目（2017 年）、天津大学教工思想政治工作特色项目（2019 年）。

第三节　党委时期（2019.10—）

2019 年 10 月 23 日，经学校十届第 43 次党委常委会研究决定成立中国共产党天津大学生命科学学院委员会，李一昂任党委副书记（主持党委工作）。2020 年 6 月，李一昂任党委书记。

2020 年 9 月 26 日，生命科学学院召开了第一次党员大会，大会选举产生了第一届党委委员会（图 7-6）。委员会委员共 7 人，其中书记为李一昂，委员为卜繁旭（女）、王汉杰、王泽方、李一昂、宫晓群（女）、黄金海、彭鑫。

2020 年 11 月 8 日，经学校十届第 71 次党委常委会研究决定，任命尚洁（女）同志为生命科学学院党委副书记。

2023 年 11 月 21 日，经学校十一届第 19 次党委常委会研究决定，任命牛志广同志为生命科学学院党委书记。

这一时期，学院党委坚持以习近平新时代中国特色社会主义思想为指导，深入学习贯彻落实习近平总书记关于高等教育工作的重要论述和指示批示精神，贯彻落实《中国共产党普通高等学校基层组织工作条例》，认真履行管党治党、办学治院主体责任，聚焦党建工作重点任务，推动全面从严治党向纵深发展。

图 7-6　第一次党员大会合影

（左起：王汉杰、卜繁旭、彭鑫、李一昂、黄金海、宫晓群、王泽方）

（一）深入学习贯彻习近平新时代中国特色社会主义思想，铸牢学院发展的政治基础

学院党委旗帜鲜明讲政治，教育引导师生树牢“四个意识”，坚定“四个自信”，做到“两个维护”，推动学习宣传贯彻习近平新时代中国特色社会主义思想往深里走、往心里走、往实里走。学院党委扎实开展党史学习教育（2021 年）、“迎盛会、铸忠诚、强担当、创业绩”主题学习宣传教育实践活动（2022 年）、学习贯彻习近平新时代中国特色社会主义思想主题教育（2023 年），深入学习贯彻党的二十大精神，通过党委理论学习中心组联学、党支部结对共建、开设学院思政大讲堂（图 7-7）、组织理论宣讲团宣讲、开展

图 7-7　学院思政大讲堂邀请马克思主义学院程斯宇副教授作学习贯彻习近平新时代中国特色社会主义思想主题教育理论辅导报告

师生集体学习（图 7-8）、组织主题实践（图 7-9）等方式，深入开展师生政治理论与形式政策教育，铸牢学院发展的政治基础。2022 年，学生理论宣讲团在学校第五届学生思政理论宣讲大赛中荣获一等奖。

图 7-8　学院师生集中收看十四届全国人大二次会议开幕会

图 7-9　学院党员代表参观“不忘初心 牢记使命”中国共产党历史展览

（二）发挥基层党组织战斗堡垒作用，让党旗在疫情防控一线高高飘扬

2019 年 12 月，新冠肺炎疫情爆发，学院党委第一时间成立疫情防控工作组，统筹做

好疫情防控和教学科研各项工作，让党旗在疫情防控一线高高飘扬。发挥学院和学科优势，组织成立抗击疫情党员突击队，党员师生践行“我是党员我承诺，疫情防控我先行”的责任担当，迅速投入到疫情科研攻关、校门值班值守、核酸检测志愿者、“三站一场”学生接送站、爱心车队、社区疫情防控等志愿服务工作中（图 7-10），校园封闭管理期间半数以上教工党员主动申请住校值守。学生志愿者累计参加志愿服务近 500 人次，累计志愿服务时长超 2000 小时。学院党委团结带领学院师生，努力克服疫情影响，统筹推进线上、线下教学科研工作顺利进行，多项研究获批学校攻坚预研自主基金支持，研发出的新冠病毒快速检测试剂盒为国内外疫情防控作出贡献。微生物免疫党支部“抗击疫情，勇担使命”党日活动获评天津市教育系统 2019—2020 年度“创最佳党日”优秀活动。

图 7-10　学院师生积极参与抗击新冠肺炎疫情志愿服务工作

（三）发挥党员先锋模范作用，扎实开展“我为师生办实事”实践活动

学院党委持续深入开展“我为师生办实事”实践活动。通过召开教职工大会、师生座

谈会，班子成员与师生个别交流等多种方式，及时了解师生需求，解决急难愁盼问题。针对15教学楼中央空调系统已到使用寿命，无法正常使用的问题，完成空调安装和暖气改造工作，让师生清凉过夏、温暖过冬。针对学院师生提出的网站功能落后的问题，启动网站改版工作，优化功能设计，方便师生使用。针对学院师生提出的学术氛围不浓的问题，先后邀请上海交通大学、北京大学、清华大学等高校的生命科学学院院长（院士或杰青）做客“生科卓越讲坛”，学习办学治院经验，开展学术合作交流。针对师生提出的学院资源不足问题，领导班子开拓了天津蓟州八仙山自然保护区、天津瑞普生物技术股份有限公司、天津华科泰生物技术有限公司、天津金域医学检验实验室有限公司、中国科学院苏州医工所天津工研室等实习实践基地，先后与南开大学生命科学学院、天津医科大学基础医学院、龙岩学院生命科学学院，天津市泰达中小企业科技园、中源协和、瑞普生物、鲁南制药、津药达仁堂现代中药产业园等调研交流，达成合作共识。针对学院公共仪器平台设备老旧，影响教学科研工作开展问题，学院利用教育扩大投资机遇，积极申请学科建设经费，购置了部分新的仪器设备，学院公共仪器平台竞争力得到进一步提升。针对学院二层中厅公共空间利用不够合理，饮水区和就餐区划分不明显，部分设施陈旧的问题，学院重新改造了二层中厅和露台公共空间，为学生提供饮水、就餐、休息、交流的温馨环境。学生党员积极发挥先锋模范作用，设立“学业帮扶党员先锋岗”，面向低年级学生开展学业辅导，担任疫苗接种、“水果工程”、铲冰除雪志愿者，将“我为师生办实事”实践活动落实落细。

（四）强化主体责任落实，全面加强制度建设

学院党委认真履行管党治党、办学治院主体责任，认真执行民主集中制，落实“三重一大”制度，修订《生命科学学院党委会会议议事规则》，制定出台《生命科学学院党委意识形态工作责任制实施细则》《生命科学学院党风廉政建设责任制实施办法》《生命科学学院党委理论学习中心组学习实施细则》《生命科学学院教师师德考核实施办法》《生命科学学院党委委员联系基层党支部制度》《生命科学学院教工党员教育培训方案》《生命科学学院宣传报道保密管理工作细则》等文件，不断完善学院制度体系建设。

2020年10月28日至11月19日，学院接受校内巡视，2021年5月至7月，学校接受中央巡视。学院党委高度重视校内巡视整改和中央巡视整改落实工作，多次召开党委会暨巡视整改工作领导小组会，坚持标本兼治，建立长效机制，将整改工作落细落实。

（五）加强基层党组织建设，推进全面从严治党向纵深发展

学院党委认真贯彻落实《中国共产党普通高等学校基层组织工作条例》要求，持续深化党支部标准化规范化建设，增强基层党组织政治功能和组织功能，推动全面从严治党向纵深发展。定期召开全体党支部书记、委员工作会议，开展专题培训、工作研讨、党支部建设检查等工作，推动《中国共产党支部工作条例（试行）》贯彻落实。选优配强党支部书记，教师党支部“双带头人”比例达100%。建立学院党委委员联系基层党支部制度，做到党委委员联系指导学院师生党支部全覆盖。创新工作思路和方法，推行“党支部+”和师生支部互融共建工作机制，坚持“一支部一特色”，推动党建工作和中心工作深度融合，学院3个教工党支部均获得天津市教育系统“创最佳党日”优秀活动（表7–3），学生党支部获学校首批“对标争先”建设样板党支部、天津大学十佳学生党日活动等荣誉。

表7–3　天津市教育系统“创最佳党日”优秀活动获奖情况

年度	党支部名称	主题党日活动名称
2020年	微生物免疫党支部	抗击疫情 勇担使命
2021年	综合党支部	传好脱贫攻坚接力棒 开启乡村振兴新征程
2022年	微纳技术与结构生物党支部	勇担高等教育新使命 迈上科教兴国新征程

贯彻落实党风廉政建设责任制和班子成员“一岗双责”，落实中央八项规定精神。加强经常性纪律教育，强化党规党纪意识，营造风清气正的政治生态（图7–11）。落实意识形态工作责任制要求，严格做好学院网站、教材等阵地管理。抓好保密工作，获天津大学2021年度保密工作先进集体。充分发挥学院党委政治核心作用，特别是在教师引进、课程建设、学术活动等重大问题上加强政治把关。加强党对群团工作的领导，多次获得天津大学院级工会工作特等奖、一等奖。调动民主党派教师投身学院建设的积极性，为学院事业发展建言献策。

图 7-11　学院党委理论学习中心组成员、党委委员、学生党建队伍、党员教师代表
赴天津市警示教育中心参观“全面从严治党主题教育展”

（六）加强师生思想政治工作，落实党管人才责任，营造干事创业的良好氛围

加强师德师风建设，开展经常性师德师风警示教育宣讲，引导教师坚定理想信念，恪守职业道德，将师德考核贯穿职称晋升、年终考核、评奖评优等教师职业发展全过程。坚持党管人才原则，着力引进和培养优秀人才，建设一流师资队伍。落实立德树人根本任务，推进“三全育人”“五育并举”人才培养综合改革，强化研究生导师、专业教师育人责任，选优配强班主任、班导师、学业导师队伍形成全员育人合力，多名教师获得天津大学“我心目中的十佳好导师”、天津大学优秀师友导师等荣誉称号。大力推进课程思政建设，建好天津大学首批课程思政示范学院。注重学生思想引领，帮助学生扣好人生第一粒扣子。学院多名师生党员获天津大学优秀共产党员、天津大学优秀党务工作者等称号（表 7-4、表 7-5）。

表 7-4　天津大学“两优一先”获奖情况

年度	姓名	所获荣誉
2021 年	孙万蜜	天津大学优秀共产党员

续表

年度	姓名	所获荣誉
2021 年	彭鑫	天津大学优秀共产党员
2021 年	尚洁	天津大学优秀党务工作者

表 7–5　天津大学生命科学学院“两优一先”获奖情况

年度	姓名	所获荣誉
2021 年	朱与菁（学生）	生命科学学院优秀共产党员
2021 年	朱春凤	生命科学学院优秀共产党员
2021 年	杨婷婷（学生）	生命科学学院优秀共产党员
2021 年	张丽琳	生命科学学院优秀共产党员
2021 年	宫晓群	生命科学学院优秀共产党员
2021 年	卜繁旭	生命科学学院优秀党务工作者
2021 年	杨柳	生命科学学院优秀党务工作者
2021 年	武璇	生命科学学院优秀党务工作者
2021 年	林鋆（学生）	生命科学学院优秀党务工作者

（七）巩固脱贫攻坚成果，助力实现乡村振兴

甘肃省陇南市宕昌县为天津大学定点帮扶对象，近年来，学院以消费帮扶、教育帮扶等多种方式助力其打赢脱贫攻坚战、开启乡村振兴新征程。2019 年起，学院“梦支队”暑期社会实践队赴甘肃省宕昌县官亭九年制学校，开展支教活动，助力教育帮扶（图 7–12）。学院为当地捐赠了植物、昆虫、海洋无脊椎动物标本和生物学科普书籍等一系列教育物资，并搭建了“生物梦想教室”，开设生物科普讲座、生涯规划、爱国教育等系列特色课程，助力学生全面发展，学院专业教师袁文肃被聘任为“梦想导师”。此外，学院本硕博 40 余名党员志愿者为宕昌县庞家乡九年制学校初二、初三的同学们开展在线学业帮扶，帮助当地学生顺利备战中考，取得了良好的帮扶效果。2021 年，学院综合党支部、后勤保障部服务经营管理中心党支部与甘肃省宕昌县庞家乡机关党支部共同开展“传好脱贫攻坚接力棒 开启乡村振兴新征程”主题党日活动，并获天津市教育系统“创最佳党日”优秀活动。近年来，学院依托师生党支部，动员广大教职工、学生、校友进

行消费帮扶，为宕昌经济发展贡献一份力量。

图 7-12　天津大学“梦支队”实践团赴甘肃宕昌开展支教活动

附录 1　本科生名册（2013—2023 级）

1. 生物科学

2013 年入学

常天赐 陈卓芝 胡金鑫 姜雅婷 孔维翰 李宇辰 刘嘉舒 孙　龙 王镐锋 张天晴 张焱凤 赵　晴
宗俊杰 蔡　锦 陈织虹 董立根 李开扬 李欣元 刘焕炜 聂旭鸿 汪　洋 王林鹤 张宇恒 邹友鹏

2014 年入学

陈德光 范嘉文 侯宇佳 胡　凤 胡睿行 黄宇飞 蒋林芮 金泰来 李恒轩 连国伟 刘曼琳 刘　邈
牟钟毓 石瑀婷 王浩栋 王康康 王立嘉 王　锐 王时超 魏　亮 谢沁妤 杨　琳 张云鹏 张子康
张铧月 蔡建林 陈　聪 董国修 韩博文 郝婉华 李卓然 梁　天 马　宁 聂炳荣 田献彬 王方奕
王艳艳 王　邀 徐梦红 杨　帆 杨富康 张艺元 张子豪 周海林 朱赫男

2015 年入学

阎如月 董金熹 段胤凯 高一源 桂　全 蒋小艺 李　帅 林修远 刘依依 马　潇 彭虹达 邱正元
田美璇 王　俊 张锦涛 朱夏庆 闫　迪 鲍献崧 陈立晰 丛士钧 樊立博 方砚冰 李江燕 李瑞琦
陆易茗 谭　政 童善惟 谢树峰 张智斌 赵子鹏

2016 年入学

陈俊静 陈　莅 董祎涵 杜　铭 范　政 高慕婵 胡智影 柯昊纯 李孟琦 林梦瑶 刘宇翰 罗世雄
毛　明 宋雨琦 孙晨博 孙欣昭 王馨怡 王　舸 杨晓宇 张智鑫 曹　勇 储川棋 高雪纯 韩旭晨
雷佳欣 李嘉铭 李雨欣 李梓漪 林　鋆 刘穗斌 刘贤铭 刘心怡 刘宜欣 戚　策 孙洪昶 田宇辉
尹明慧 张东红 闫　洪

2017 年入学

曹　睿 陈嘉辉 陈筱桐 程怡然 董　健 高吉星 高　姝 耿　哲 韩雨芯 蒋志程 李东旭 连宇珂
吕梦媛 梅笑寒 倪昕媛 谢槟远 徐立琳 严一苇 姚棂煊 詹婉瑜 张慧洋 张嘉东 张千柔 周　涛
范小治 黄桔茂 李鹏乾 李　嵩 林晓彤 刘　玥 刘安京 吕旭东 马雨涵 孟　雨 邱昱皓 尚常译匀
孙焕宸 谭　雪 王鸿淼 王晋芝 王译德 杨懿宁 余欣宬 张　诺 张雨雨 朱与菁 闫　雨 滕文仲
丁宇轩 邵泽文

2018 年入学

潘昭宇 叶文昊 付雪晴 王禹桥 肖佳诚 杨　晨 龚文惠 李永杰 李玉晗 宋博闻 张心怡 王雪婷
薄世轩 熊　峥 刘凯瑞 王维丝 张　贺 叶艺雯 高国生 宋浩然 周昱菲 刘泳鑫 陈梦怡 何希威
刘畅言 刘徐佳 时浩洋 陈宏华 周海平 甘戴梦 黄　涛 刘杨振海 王　远 吴钟铄 董睿涵 梅佳乐
钱成远 王　雷 张世凤 宋佳欣

2019 年入学

张馨月 李晴斋 陆沈焌杰 付晓鹏 马炳林 刘得武 黄亚南 王 凯 王晓雅 万 悦 杨淑珺 韩玉琦 任东英 李悦微 赵宇励 李蕙伶 李明山 李一曦 王怀印 付 涛 操钟玉 张 涵 赵婧斐 王朴宁 郭 旭 林道俊 邢起宇 吴 桐 林泽清 王一鑫 赖鹏冲 杨小龙 康嘉轩 胡正阳 杨智茹 刘奥通 陆言骄 许 朔 薛诗尧 易 昕 王君仪 辛 瀛 武金燕 潘彦博 董星雨 张 柁 李继丞 苗栩赫 谭璐珩

2020 年入学

戚旺直 许 睿 肖小月 冯子萱 徐骏飞 姜逸飞 姚云道 方敏超 蔺怡朴 张文君 王馨舸 马宗伟 袁培雄 张雨心 张文龙 王美晨 李朋远 闫思琦 蒋 研 何梦昕 李哲涛 徐誉嘉 文旸茗
留学生：莎 米

2021 年入学

刘秋含 卢子晗 何江川 姜昕言 尹 建 王卓平 董嘉兴 王 毅 黄晨欣 孙 飞 张天悦 孟思彤 董雨芃 刘明兴 代欣宇 徐清华 王朝阳 崔齐颖 董 琳 刘宏涛 王许乐 李路四通 席楚涵 高笛元 林佳晟 蒲婉婷 陈禹铮 常雨喆 刘彦茹
留学生：李友柽 黄宇靖 洪彩玲 林治延 石轩瑜 陈佩微

2022 年入学

解颖萱 翟晨策 王恩泽 高 迪 张钊瑜 任宇航 刘佳慧 郑浩宁 王进喜 石晨峻 刘竞遥 樊翔实 张博伦 朱雅洁 张谷珍 李宇轩 钱俊臣 刘紫晗 覃栎璇 唐语临 李明泽 伦家乐 梁济麟 曾 延 许 峥
留学生：许俊豪 邱瑞欣 黄照恒 王言伈 唐苑玮 陈建聪 张纵横 苏锦铢 刘皆亨

2023 年入学

留学生：陈企旸 周宜洁 钟心仪 陈奎讽

2. 生物科学（强基计划）

2020 年入学

吴俊腾 付思梦 王 晟 白欣玮 张君漾 揭 群 马潇然 沈盈洁 潘逸扬 张心雨 刘天祺 梁千枝 张思骋 段顺国 孙久迪 巴君丽 单宝平 张贻良 洪丹阳 郝楚蔚 张立超 岳晓妍 林沁婷 高哲郢 王梓凝 李佳珊 王楚钰 王旭岩

2021 年入学

郭博阳 张音昊 马一方 胡盛韬 秦智伟 李嘉骐 王子林 刘芙蓉 赵一林 杨雨鑫 季唯未 姚一言 曹 瑞 徐鼎昊 史晓萱 陈新楠 叶骐毓 杨溢文 闵令葳 黄志昌 丛海龙 冯青阳 张丞诗 杨 影 杨力帆 王 韬 董庭硕 朱 悦 王新轶

2022 年入学

刘　荧 张可欣 朱柳伊 何文舟 陈雨凡 张心玥 吴嘉暘 宋颖祺 张中耀 张子莹 赵婉彤 高宇晴 张　硕 李长宏 杨卓然 卓　兰 张悦鹏 郭思雨 刘星宇 裴宇辰 赵栩嘉 吕悦萌 孙凌飞 刘泽瑶 袁俊华 王焱乐 王文捷 龚一姝 张　怡 王子烨

2023 年入学

伍　筱 刘听萱 刘林坤 刘　诚 周天畅 周逸冰 张誉天 徐　菲 徐龚浩 朱智奇 李怡睿 李锋烨 王之宽 王　京 王普星 王羽丰 程诗砚 耿清为 胡　硕 苏家玮 蔡怀渔 贾涵如 赵子诺 郭景南 鄂容若 陆昀砉 隗瑜萱 韩戴伊 黎星辰

3. 生物科学（拔尖班）

2022 年入学

阎舒羽 赵俊嘉 孙皓月 陈可薇 李　隆 王良睿 王艺达 徐　静 曹　罡 张玉玺 刘航志 王　栋 李睿彤 佟　心 张智宇 陈　博 王婧茹

2023 年入学

王闻浩 邹育翰 欧阳楠 唐子然 王　聪 陶温欣 韩宜婷 吴正阳 洪欣茹 李孟霖 于　越 孙天瑞 周子雄 刘　畅 高子越 缴焕霖 王靖康 赵明璐 尹梓霖 樊欣泽

4. 交流生（生物科学）

2013 级

海南大学：陈　琛 丁诚峰 程莹莹

2014 级

海南大学：王　雪 吴梦婷 王晋丽

2015 级

海南大学：罗桂英 张晨阳

2016 级

海南大学：廖　浪 陈林鹏
义守大学：黄依婕 苏子芸
山西大同大学：焦广萍 姚　兰

2017 级

海南大学：孙若茗 桓　雨
山西大同大学：邸林艳 周　渊

2018 级

海南大学：黄嘉瑜　陈漫漫
山西大同大学：邢慧珍　吴梦婕

2019 级

山西大同大学：刘雨杨　胡雅新

2020 级

龙岩学院：杜松岩　陈雪惠
香港科技大学：潘芷凝

2023 级

海南大学：李嘉怡　王桢晶

附录 2 研究生名册（2013—2023 级）

2013 年入学

博士：梁伟姿

硕士：董　燕 孔　佳 李　婷 李雪平 李允初（曾用名：李艳红） 秦　悦 徐　博 张晓红

2014 年入学

博士：崔　闻 李　艺 马　敏 王德平 王　虹 张舒怡 郑　斌

硕士：代松宝 邓　慧 高　田 贺双意 姬倩悦 刘胜男 马俊超 尚庆斌 沈梦露 谭宇声 田宏亮 王　飞 王　鑫 王　月 夏正保 许继伟 杨莹莹 张艳峰 张　莹 张玉函 周振威

2015 年入学

博士：陈　侠 姬朝光 苏　畅 王凤华 赵　倩

硕士：常　娜 陈　裴 谌红彬 付金玉 洪文姣 李　婷 刘　虎 刘　坤 刘雅娟 潘明磊 任　婕 时培殿 宋　旋 王　斌 王家顺 王淑娟 王星星 魏爱琪 武　晨 徐冰红 杨霄云 张　博 张泽成 张仲文 周　涵

2016 年入学

博士：陈　晨 陈　静 黎瑞巧 刘胜男 田　然 肖云杰 张艳峰

硕士：陈星濛 谷少伟 关　姣 韩　旭 计婉莹 李金珂 李　秀 刘思华 芦　冬 潘惠卓 彭伟盼 朴佳芳 苏彦鑫 唐近洪 王媚媚 王　雯 武佳琦 闫　昕 杨　涵 杨旻晔 张可可 张　宁 张媛媛 赵成雪 赵汝佳 周雨睿

2017 年入学

博士：陈明慧 林萌萌 时培殿 王镐锋 王　鑫 徐冰红

硕士：白向丽 陈　琛 陈卓芝 成金燕 程莹莹 迟　恒 崔　灿 崔梅慧 段宇琴 范天天 付雅莉 高俊潇 高　帅 高玮辰 郝亚锋 姜雅婷 焦文豪 李　露 李显煌 李玉慧 李　振 刘　静 刘　鹏 毛伟东 孟　薇 谭　坤 田　雨 王钱繁 王天歌 王欣悦 吴昌鸿 吴　丹 武佳琪 肖　潇 谢梅婷 徐亚楠 闫晓寒 杨　璐 姚舜禹 张超楠 张瑞娟 张文涛 张焱凤

2018 年入学

博士：程国辉 郭艳余 潘惠卓 王永安 杨　涵 张　燕 张英英 摩　可（留学生）

硕士：曹爱萍 崔警予 邓文月 段　玥 弓　芃 何天地 黄　涛 李恒轩 李佳桦 李金玉 李婉倩 李晓瑞 连国伟 刘红云 刘美君 刘雪晴 马　宁 秦瑞奇 秦　怡 曲青霞 施靓轩 宋晶磊 宋银娜 孙慧敏 逯瑞娇 王景霞 王　丽 王向尧 徐金歌 许阳阳 杨　淳 杨继晨 于海波 余冰清 张传英 张铧月 张立立 张　维 赵冬菊 赵秋子 朱　敏

2019 年入学

博士：李瑞雪　李霄阳　李　振　刘　伟　庞高举　彭伟盼　谢尚强　张梦宇　张　旭　张焱凤　祖玲玲

硕士：康如如　宋晓杰　李文领　王丹彤　黄梦倩　李文娜　苏雅芝　孙　喆　李炳轩　李林丽　杨婷婷　魏　漪　孙瑞骐　徐乐灵　于　鹏　张新宇　王　俊　冯　浩　白一辰　魏道河　侯　贝　张　艺　李冬青　赵亚楠　韩春丽　薛　鑫　唐雨晴　刘宝娜　丁百香　张　越　毛文慧　朱夏庆　王启伟　任秀影　韩厚玉　王晓丽　谭　政　董敏敏　杨文博　翟　珲　罗　冉　刘欣阳　曹宏伟　诗　婉（留学生）

2020 年入学

博士：汤　聪　崔梅慧　范天天　林　鋆　刘思华　马　森　王向尧　张会霞　张维达　赵冬菊　朱　培

硕士：解濡语　刘　娜　苏　鑫　路小瑜　钱玉霞　张　晗　高小宁　许家钰　张鑫璐　李元方　宋建颖　袁冰倩　刘艳梅　王　健　杨　帆　徐　一　张雅婷　申　月　张心慧　邢一莹　刘子翔　林梦瑶　丰　果　张　哲　姚　兰　赵鹏程　常文静　王　丰　张明慧　冯哲瀚　李虎良　施晓恩　范　晓　李林鑫　孙　龙　李　玺　周建宇　李斐斐　郭海珍　张雅普　李　欢　周　俊　苏春林　陈墨岩　张晗笑

2021 年入学

博士：曹　宸　陈晓锋　迟宏丽　黄梦倩　金志远　李连月　刘　杰　秦瑞奇　孙瑞骐　王　俊　杨　柳　张桂夕　张新宇　张鑫娜　张伊静

硕士：贾玉沛　尉欣荣　刘凯欣　牛雯倩　张秋婷　王珺仪　刘逸宁　梅雪锋　谢　蕾　魏明茂　陈姝彤　李树君　白　雪　李长艳　张玉玲　沙马石体　李　欢　杜雅静　陈琳琳　贾世恬　陈　晨　于水欣　孙欣楠　邸林艳　王　珅　周　涛　陈　菹　马润璞　刘心毓　闫　雨　王晋芝　曾雨晨　王玲玲　刘延茹　吕　嫚　陈雅丽　解月丽　蒋世琪　田雨菁　陈紫瑶　李志博　郭怡青　陈金玲　肖王鑫　赵柏萍　崔大庆　杨英翠　段荣迪　耿晓旭　王文月　郭浩翔　杨润泽　姜梦瑶　薛俊蓉

2022 年入学

博士：白　晶　冯志杰　李建森　刘　晶　刘晓倩　宁江澜　彭文畅　王景霞　王启伟　韦权朋　杨　帆　张心怡　张鑫璐　张　艺　张宗仁　赵　爽　周文静　祖　丹　曹　宁　邵　蓬　唐荣宏　张　艳

硕士：黄志纷　陈宏华　裴晓荧　张　旭　李可欣　王佳讯　许丁凡　覃　杰　孙大玮　崔钰惠　李　雪　尹博萱　王雅欣　欧阳姿韶　石茜茜　徐佳朔　梁琴琴　马祥兆　任荣荣　夏晓梅　孙欣昭　宇文铭玥　李　沛　王　影　刘泳鑫　韩雨泽　邓铠玓　邢慧珍　赵银霞　刘徐佳　岳聪冉　刘凯瑞　李筱玥　靳佳慧　梁丽艳　孙佳聪　薛慧敏　张　佳　刘　玉　刘国霞　段雅静　王新健　李嘉辰　邢随心　谭汝阳　蒋　龑　游天杰　马明雪　赵欣悦　张千一　杜可心　赵心彦

2023 年入学

博士：白桂杰　鲍奕恺　樊　沁　封守琴　高小宁　黄　兴　刘弈君　刘子翔　钱玉霞　帅新嘉　陶延鑫　武妍敏　徐姝婧　许家钰　闫玉超　张　超　张舍予　周　涛　朱　冰　高　帆　李　勇　张清洁

张银兴　韩　震　李鸿翔

硕士：王苏滢　张雪莹　李　妍　张露蓉　付　涛　王楚伦　于潇濛　戚婷婷　周晓雨　林泽清　王　梅

陈姝君　郭羿辰　王国诚　崔璐娜　万　悦　刘祎佳　郭　佳　王思培　马炳林　申海龙　李鑫迪

段佳宁　刘雨杨　陆沈焌杰　王　雪　李玺林　董冰洁　孙　茁　李月妍　薛　莹　李可心　王　莉

李继丞　李悦微　杨智茹　孟浩男　刘馨雅　李明山　刘　琦　韩玉琦　高榕梓　齐星月　殷晓璇

姚雨昕　左　鑫　刘　敏　张展放　薛　宇　王一泽　祖比艳·伊不拉

附录 3　学生竞赛获奖情况

获奖时间	竞赛名称	奖项级别	获奖等级	获奖学生	指导教师
2015 年	国际遗传基因工程机器大赛（iGEM）	国际级	金奖	王镐锋、韩博文、刘嘉舒、李宇辰、赵晴、汪洋、胡金鑫、宗俊杰、鲍东琪、迟恒、陈泽翔、韩轩、董雪梅、李树斌、张雨薇、邵可同、喻俊杰、王画、殷翔宇、彭一格、王晨茂	杨海涛、王泽方
2016 年	国际遗传基因工程机器大赛（iGEM）	国际级	金奖	陈卓芝、董国修、牟钟毓、刘曼琳、蒋林芮、胡睿行、段胤凯、王浩栋、王遨、王时超、程莹莹、王雪、童善惟、侯宇佳、何春霖、李斯达、边人洲、牛萌、陈彦杰、李桐	杨海涛、王泽方
2018 年	国际遗传基因工程机器大赛（iGEM）	国际级	铜奖	宋雨琦、李孟琦、滕文仲、孙晨博、孙欣昭、杨晓宇、高雪纯、陈林鹏、王馨怡、林梦瑶、陈俊静、尹明慧、高慕婵、邱昱皓、程怡然、吕梦媛、李培城、胡峥	王泽方
2019 年	国际遗传基因工程机器大赛（iGEM）	国际级	金奖	李东旭、董睿涵、董健、叶艺雯、王维丝、龚文惠、付雪晴、李永杰、李鹏乾、孙若茗、杨懿宁、刘忻羽、王兆盟、石清元、张雅婷、宗淑敏、李恒康、谢佳豪	王泽方
2020 年	国际遗传基因工程机器大赛（iGEM）	国际级	银奖	高国生、张贺、时浩洋、刘得武、王远、刘徐佳、李玉晗、周昱菲、张心怡、付涛、陆言骄、张柁、柏岩松、吴淑颖、周浩然、陈柯亘、闫璟、王方惠、秦洛颜	王泽方
2021 年	国际遗传基因工程机器大赛（iGEM）	国际级	金奖	陆言骄、杨淑珺、高国生、王远、张心怡、王旭岩、冯韵然、刘京路、王建禹、于竣丞、王义萱、李博、赵子熹、王方惠	王泽方、肖云杰
2022 年	国际遗传基因工程机器大赛（iGEM）	国际级	金奖	张文君、李哲涛、林沁婷、姜逸飞、吴俊腾、姚云逍、岳晓妍、袁培雄、肖小月、王美晨、董译璠、刘欣蔚、姜露晨、刘诗杨、王睿宁、杨子健、俞林昊、马欣辰	王泽方、肖云杰
2023 年	国际遗传基因工程机器大赛（iGEM）	国际级	金奖	沈盈洁、季唯未、范逸涵、栾晨宇、刘彦茹、陈新楠、姚凌峰、刘京路、何佳、刘宏伟、赵一丁、刘煦辰、望家好、赵栩嘉、唐馨悦、曹罡、张智宇、娄洁瑞	王泽方、肖云杰
2019 年	第十五届“挑战杯”天津市大学生课外学术科技作品竞赛	市级	一等奖	张铧月、程莹莹、陈卓芝	王泽方
2021 年	“挑战杯”天津市大学生课外学术科技作品竞赛	市级	二等奖	张鑫璐、郭海珍、施晓恩、于鹏	王生
2022 年	“挑战杯”中国银行天津市大学生创业计划竞赛	省部级	银奖	马炳林、陆沈焌杰、池家欣、周浩然、王柏捷、包昕玉、肖童、李虎生、乔志豪、文旸茗、殷晓璇、于晶云、公晨阳	**王汉杰、刘晶、**张淑芳、孙韬

续表

获奖时间	竞赛名称	奖项级别	获奖等级	获奖学生	指导教师
2022 年	“创青春”中国青年创新创业大赛天津赛区	省部级	银奖	马炳林、陆沈焌杰、池家欣、周浩然、王柏捷	王汉杰、刘晶
2023 年	第十七届“挑战杯”中国银行天津市大学生课外学术科技作品竞赛	省部级	一等奖	何梦昕、王梓凝	康君
2023 年	第十七届“挑战杯”中国银行天津市大学生课外学术科技作品竞赛	省部级	二等奖	陆沈焌杰、马炳林	王汉杰、刘晶
2023 年	第十七届“挑战杯”中国银行天津市大学生课外学术科技作品竞赛	省部级	二等奖	张雨心、王馨舸、刘彦茹、代欣宇	**王涛**、郑斌、**朱春凤**
2023 年	中国国际大学生创新大赛（2023）	国家级	高教主赛道金奖	马炳林、文旸茗、殷晓璇、周萌琦、杨潇涵、孙灿、刘絮、池家欣、韩羽桐、邸浩天、包昕玉、陆沈焌杰、李夏洋、王贺、刘煦辰	**王汉杰**、**刘慧明**、**尚洁**、**彭予心**、徐俪嘉、**刘晶**、**刘夺**、李连月
2019 年	第五届“互联网 +”大学生创新创业大赛天津赛区比赛高教主赛道	省部级	三等奖	邱昱皓、彭康、张立立	王汉杰
2022 年	第八届中国国际“互联网 +”大学生创新创业大赛天津赛区	省部级	金奖	马炳林、池家欣、周浩然、王柏捷、陆沈焌杰、包昕玉、乔志豪、肖童、李虎生、殷晓璇、文旸茗、于晶云、公晨阳	**王汉杰**、**刘晶**、张淑芳、孙韬
2023 年	第九届中国国际“互联网 +”大学生创新创业大赛天津赛区	省部级	高教主赛道金奖	马炳林、池家欣、文旸茗、殷晓璇、杨潇涵、包昕玉、韩羽桐、邸浩天、孙灿、周萌琦、陆沈焌杰、王贺、刘煦辰	**王汉杰**、**刘慧明**、**尚洁**、**彭予心**、徐俪嘉、**刘晶**、**刘夺**、李连月
2023 年	第九届中国国际“互联网 +”大学生创新创业大赛天津赛区	省部级	高教主赛道金奖	王珅、段荣迪、施雅馨、张立超、刘欣蔚、刘泳鑫、张美琪、李哲涛、韩文佳、孙欣昭、谢艺仁、刘捷、马旭	王泽方、肖云杰、刘慧明
2023 年	第九届中国国际“互联网 +”大学生创新创业大赛天津赛区	省部级	青年红色筑梦之旅赛道金奖	孙瑞骐、赵柏萍、王珅、陈瑾钰、漆淇、张智宇	**黄金海**、**张丽琳**、李艺、**李泽兴**、**华德平**、**刘慧明**、**彭予心**
2021 年	全国大学生生命科学竞赛	国家级	二等奖	张世凤、王维丝、郭旭、吴桐	王涛、朱春凤
2021 年	全国大学生生命科学竞赛	国家级	二等奖	马炳林、陆沈焌杰	王汉杰、刘晶
2021 年	全国大学生生命科学竞赛	省部级	一等奖	张世凤、王维丝、郭旭、吴桐	王涛、朱春凤
2021 年	全国大学生生命科学竞赛	省部级	一等奖	马炳林、陆沈焌杰	王汉杰、刘晶
2022 年	全国大学生生命科学竞赛	国家级	二等奖	吴桐、张君漾、王晟	王涛、朱春凤
2022 年	全国大学生生命科学竞赛	国家级	二等奖	潘逸扬、文旸茗、黄亚南、张雨心、陆沈焌杰	刘晶、王汉杰
2022 年	全国大学生生命科学竞赛	国家级	三等奖	张心雨、李明山、蔺怡朴、巴君丽、马炳林	王汉杰、刘晶

续表

获奖时间	竞赛名称	奖项级别	获奖等级	获奖学生	指导教师
2022 年	全国大学生生命科学竞赛天津赛区	省部级	一等奖	吴桐、张君漾、王晟	王涛、朱春凤
2022 年	全国大学生生命科学竞赛天津赛区	省部级	一等奖	潘逸扬、张雨心、文旸茗、黄亚南、陆沈焌杰	刘晶、王汉杰
2022 年	全国大学生生命科学竞赛天津赛区	省部级	二等奖	张心雨、李明山、蔺怡朴、巴君丽、马炳林	王汉杰、刘晶
2022 年	全国大学生生命科学竞赛天津赛区	省部级	三等奖	董星雨、邢起宇	张丽琳、杨柳
2022 年	全国大学生生命科学竞赛天津赛区	省部级	三等奖	刘得武、付晓鹏、韩玉琦、赖鹏冲、张馨月	米立志、秦晓红
2023 年	全国大学生生命科学竞赛	国家级	三等奖	李哲涛、王楚钰、洪丹阳、王朝阳、王许乐	王生、李勇
2023 年	全国大学生生命科学竞赛天津赛区	省部级	三等奖	李哲涛、王楚钰、洪丹阳、王朝阳、王许乐	王生、李勇
2023 年	全国大学生生命科学竞赛天津赛区	省部级	三等奖	单宝平、白欣玮、沈盈洁、董庭硕	武晓丽、宫晓群
2023 年	全国大学生生命科学竞赛天津赛区	省部级	三等奖	张思骋、揭群、方敏超、蒋研	米立志、秦晓红
2023 年	全国大学生生命科学竞赛天津赛区	省部级	三等奖	王旭岩、张贻良、闫思琦、潘逸扬	**刘晶**、孙韬
2023 年	全国大学生生命科学竞赛天津赛区	省部级	三等奖	张文君、姜逸飞、林沁婷、朱悦、林治延	王涛、朱春凤
2023 年	天津市大学生化学竞赛	省部级	二等奖	伦家乐	武晓丽
2023 年	天津市大学生化学竞赛	省部级	三等奖	吴嘉暘	—
2017 年	天津市第五届大学生生命科学基本实验技能竞赛	省部级	二等奖	刘宇翰	李勇
2017 年	天津市第五届大学生生命科学基本实验技能竞赛	省部级	二等奖	刘贤铭	张丽琳
2017 年	天津市第五届大学生生命科学基本实验技能竞赛	省部级	二等奖	宋雨琦	华德平
2017 年	天津市第五届大学生生命科学基本实验技能竞赛	省部级	二等奖	李嘉铭	朱春凤
2017 年	天津市第五届大学生生命科学基本实验技能竞赛	省部级	二等奖	童善惟	李勇
2017 年	天津市第五届大学生生命科学基本实验技能竞赛	省部级	三等奖	陈俊静	张丽琳
2017 年	天津市第五届大学生生命科学基本实验技能竞赛	省部级	三等奖	高慕婵	朱春凤

续表

获奖时间	竞赛名称	奖项级别	获奖等级	获奖学生	指导教师
2017 年	天津市第五届大学生生命科学基本实验技能竞赛	省部级	三等奖	李孟琦	袁文肃
2017 年	天津市第五届大学生生命科学基本实验技能竞赛	省部级	三等奖	杨晓宇	袁文肃
2017 年	天津市第五届大学生生命科学基本实验技能竞赛	省部级	三等奖	王馨怡	袁文肃
2017 年	天津市第五届大学生生命科学基本实验技能竞赛	省部级	三等奖	谢树峰	华德平
2017 年	天津市第五届大学生生命科学基本实验技能竞赛	省部级	三等奖	胡凤	袁文肃
2018 年	天津市第六届大学生生命科学基本实验技能竞赛	省部级	一等奖	吕梦媛	朱春风
2018 年	天津市第六届大学生生命科学基本实验技能竞赛	省部级	二等奖	黄桔茂	杨柳
2018 年	天津市第六届大学生生命科学基本实验技能竞赛	省部级	二等奖	徐立琳	朱春风
2018 年	天津市第六届大学生生命科学基本实验技能竞赛	省部级	二等奖	林晓彤	李勇
2018 年	天津市第六届大学生生命科学基本实验技能竞赛	省部级	三等奖	孙若茗	华德平
2018 年	天津市第六届大学生生命科学基本实验技能竞赛	省部级	三等奖	严一苇	华德平
2019 年	天津市第七届大学生生命科学基本实验技能竞赛	省部级	一等奖	邱昱皓	刘晶
2019 年	天津市第七届大学生生命科学基本实验技能竞赛	省部级	一等奖	詹婉瑜	刘晶
2019 年	天津市第七届大学生生命科学基本实验技能竞赛	省部级	一等奖	时浩洋	张蕾
2019 年	天津市第七届大学生生命科学基本实验技能竞赛	省部级	一等奖	朱与菁	刘晶
2019 年	天津市第七届大学生生命科学基本实验技能竞赛	省部级	二等奖	张世凤	张蕾
2019 年	天津市第七届大学生生命科学基本实验技能竞赛	省部级	三等奖	王泽德	张蕾
2021 年	天津市第八届大学生生命科学基本实验技能竞赛	省部级	一等奖	许朔	杨柳
2021 年	天津市第八届大学生生命科学基本实验技能竞赛	省部级	一等奖	操钟玉	杨柳

续表

获奖时间	竞赛名称	奖项级别	获奖等级	获奖学生	指导教师
2021 年	天津市第八届大学生生命科学基本实验技能竞赛	省部级	一等奖	陆沈焌杰	朱春风
2021 年	天津市第八届大学生生命科学基本实验技能竞赛	省部级	二等奖	薄世轩	李勇
2021 年	天津市第八届大学生生命科学基本实验技能竞赛	省部级	三等奖	付涛	刘晶
2022 年	天津市大学生生命科学竞赛生命科学基本实验技能竞赛	省部级	一等奖	何梦昕	杨柳
2022 年	天津市大学生生命科学竞赛生命科学基本实验技能竞赛	省部级	一等奖	李哲涛	杨柳
2022 年	天津市大学生生命科学竞赛生命科学基本实验技能竞赛	省部级	一等奖	张立超	朱春风
2022 年	天津市大学生生命科学竞赛生命科学基本实验技能竞赛	省部级	一等奖	张君漾	朱春风
2022 年	天津市大学生生命科学竞赛生命科学基本实验技能竞赛	省部级	一等奖	袁培雄	李勇
2022 年	天津市大学生生命科学竞赛生命科学基本实验技能竞赛	省部级	二等奖	巴君丽	朱春风
2022 年	天津市大学生生命科学竞赛生命科学基本实验技能竞赛	省部级	三等奖	单宝平	刘晶
2022 年	天津市大学生生命科学竞赛生命科学基本实验技能竞赛	省部级	三等奖	沈盈洁	杨柳
2023 年	天津市大学生生命科学竞赛生命科学基本实验技能竞赛	省部级	一等奖	杨力帆	朱春风
2023 年	天津市大学生生命科学竞赛生命科学基本实验技能竞赛	省部级	二等奖	董庭硕	李勇
2023 年	天津市大学生生命科学竞赛生命科学基本实验技能竞赛	省部级	二等奖	曹瑞	华德平

续表

获奖时间	竞赛名称	奖项级别	获奖等级	获奖学生	指导教师
2023 年	天津市大学生生命科学竞赛生命科学基本实验技能竞赛	省部级	二等奖	王新轶	杨柳
2023 年	天津市大学生生命科学竞赛生命科学基本实验技能竞赛	省部级	三等奖	秦智伟	李勇
2023 年	天津市大学生生命科学竞赛生命科学基本实验技能竞赛	省部级	三等奖	张天悦	华德平
2023 年	天津市大学生生命科学竞赛生命科学基本实验技能竞赛	省部级	三等奖	张怡	华德平

注：与其他单位人员联合指导的竞赛，本院教师姓名以粗体显示。

附录 4 学生社会实践获奖情况

获奖时间	实践队名称	奖项级别	奖项名称	获奖学生	指导教师
2015 年	天津大学启明星暑期社会实践服务团	省部级	优秀市级示范队、优秀 DV 作品一等奖、优秀摄影作品一等奖	刘邈、郑勇拓、刘翮汉、高雅、严志杰、唐红霞、任泽滨、米佳琪	郭艳余
2015 年	天津大学孤独手雷调研暑期社会实践服务团	校级	校级优秀服务团	陈德光、董国修、王遨、杨琳、王立嘉、马宁、张艺元、田献彬、谢沁妤、翟佳欣	郭艳余
2016 年	天津大学一枝梦支教队	省部级	优秀市级示范队	张铧月、梁天、范嘉文、杨云鹏、赵智宇	郭艳余
2018 年	天津大学生科探野求索实践队	省部级	2018 年天津大学暑期社会实践市级优秀实践队	2016 级本科生	孙万蜜
		校级	2018 年天津大学暑期社会实践校级优秀实践队		
2019 年	梦支队实践团	省部级	2019 年天津大学暑期社会实践市级实践队（天津市重点专项）	宋佳欣、肖佳诚、王禹桥、宋博闻、刘雨彤	刘慧明、袁文肃
2020 年	中华小当家实践队	校级	2020 年天津大学暑期社会实践优秀实践队	马炳林、许朔、王君仪	刘慧明
2021 年	宕心筑梦实践队	省部级	2021 年天津市大中专学生志愿者暑期文化科技卫生“三下乡”社会实践活动优秀实践团队	王梓凝、何梦昕、潘逸扬、马宗伟、张馨月、王楚钰、闫思琦、蔺怡朴	刘慧明
		校级	2021 年天津大学暑期社会实践优秀实践队；2021 年天津大学暑期优秀实践调研报告		
2021 年	中华小当家实践队	校级	2020—2021 学年天津大学寒假实践建党百年专项评比一等奖	马炳林、王君仪、任东英、胡正阳、陆言骄、吴桐、万悦、郭旭、张柁、王怀印、王一鑫、王晓雅、杨小龙、杨智茹、李明山、易昕、许朔、李继丞、林道俊、赖鹏冲、赵宇励、黄亚南、李悦微、董星雨、赵婧斐、付晓鹏、辛瀛	刘慧明
2021 年	西柏坡红色小分队	校级	2020—2021 学年天津大学寒假实践建党百年专项评比三等奖	王梓凝、马宗伟、袁培雄、冯梓萱、岳晓研、张雨心、白欣玮	刘慧明
2021 年	红色起源实践队	校级	2020—2021 学年天津大学寒假实践建党百年专项评比优秀奖	徐誉嘉、何梦昕	刘慧明

续表

获奖时间	实践队名称	奖项级别	奖项名称	获奖学生	指导教师
2022 年	喜迎二十大 奋进新征程——生科知物行实践队	校级	2022 年天津大学暑期社会实践优秀实践队； 2022 年天津大学暑期优秀实践调研报告	林佳晟、姜昕言、王卓平、董雨芃、徐鼎昊、刘彦茹、史晓萱、赵宇劢	刘慧明
		省部级	2023 年天津市大中专学生志愿者暑期文化科技卫生“三下乡”社会实践活动优秀实践团队		
2022 年	非凡宣讲队	校级	“非凡十年青年讲 强国有我新征程”天津大学第五届学生思政理论宣讲大赛一等奖	王梓凝、何梦昕	刘慧明、刘海楠
2022 年	生科十年强国有我宣讲队	校级	“非凡十年青年讲 强国有我新征程”天津大学第五届学生思政理论宣讲大赛三等奖	王晟、王美晨、李佳珊	刘慧明、刘海楠
2023 年	拾光微漾·津风追羽实践队	国家级	2023 年全国大学生暑假实践团队 TOP10； 2023 年全国大中专学生志愿者暑期文化科技卫生“三下乡”社会实践优秀品牌项目； 2023 年大学生社会实践成果“千校千项”网络展示活动优秀项目	代欣宇、尹建、张馨月	郭旭、刘海楠
		省部级	2023 年天津市大中专学生志愿者暑期文化科技卫生“三下乡”社会实践活动优秀实践团队		
		校级	2023 年天津大学暑期社会实践优秀实践队； 2023 年天津大学暑期优秀实践调研报告； 2023 年天津大学暑期社会实践最美风采（DV）； 2023 年天津大学暑期社会实践最美照片集； 2023 年天津大学先进集体		

附录 5　教职工名录

2012 年

张　蕾 刘立山 卜繁旭 杨　柳

2013 年

张　蕾 刘立山 卜繁旭 杨　柳 赵　剑 杨　英 郭　帅 张丽琳 王　涛 谢　伟 华德平 秦晓红 朱春风 郭浩然 武晓丽 袁文肃 彭　鑫 陈　成 田　浩 宫晓群 杨海涛 韩　雪 赵经文 侯　文 庞　正

2014 年

张　蕾 刘立山 卜繁旭 杨　柳 赵　剑 杨　英 郭　帅 张丽琳 王　涛 谢　伟 华德平 秦晓红 朱春风 郭浩然 武晓丽 袁文肃 彭　鑫 陈　成 田　浩 宫晓群 杨海涛 韩　雪 赵经文 侯　文 庞　正 黄金海 张健勇 米立志 康　君 李　勇 郭艳余 刘培源 童丽萍 王泽方 王汉杰 常　津

2015 年

张　蕾 刘立山 卜繁旭 杨　柳 赵　剑 杨　英 郭　帅 张丽琳 王　涛 谢　伟 华德平 秦晓红 朱春风 郭浩然 武晓丽 袁文肃 彭　鑫 陈　成 田　浩 宫晓群 杨海涛 韩　雪 赵经文 侯　文 庞　正 黄金海 张健勇 米立志 康　君 李　勇 郭艳余 刘培源 童丽萍 王泽方 王汉杰 常　津 严汉池 林　志

当年离职：韩雪，校内调出：张健勇

2016 年

张　蕾 刘立山 卜繁旭 杨　柳 赵　剑 杨　英 郭　帅 张丽琳 王　涛 谢　伟 华德平 秦晓红 朱春风 郭浩然 武晓丽 袁文肃 彭　鑫 陈　成 田　浩 宫晓群 杨海涛 赵经文 侯　文 庞　正 黄金海 米立志 康　君 李　勇 郭艳余 刘培源 童丽萍 王泽方 王汉杰 常　津 严汉池 林　志 武　璇

当年离职：谢伟、郭浩然、赵经文、侯文、庞正

2017 年

张　蕾 刘立山 卜繁旭 杨　柳 赵　剑 杨　英 郭　帅 张丽琳 王　涛 华德平 秦晓红 朱春风 武晓丽 袁文肃 彭　鑫 陈　成 田　浩 宫晓群 杨海涛 黄金海 米立志 康　君 李　勇 郭艳余 刘培源 童丽萍 王泽方 王汉杰 常　津 严汉池 林　志 武　璇 刘　晶

当年离职：杨海涛、童丽萍，校内调出：赵剑

2018 年

张　蕾 刘立山 卜繁旭 杨　柳 杨　英 郭　帅 张丽琳 王　涛 华德平 秦晓红 朱春风 武晓丽

袁文肃 彭　鑫 陈　成 田　浩 宫晓群 黄金海 米立志 康　君 李　勇 郭艳余 刘培源 王泽方 王汉杰 常　津 严汉池 林　志 武　璇 刘　晶 孙万蜜 叶　升 王亚鑫
校内调出：郭帅、田浩

2019 年

张　蕾 刘立山 卜繁旭 杨　柳 杨　英 张丽琳 王　涛 华德平 秦晓红 朱春凤 武晓丽 袁文肃 彭　鑫 陈　成 宫晓群 黄金海 米立志 康　君 李　勇 郭艳余 刘培源 王泽方 王汉杰 常　津 严汉池 林　志 武　璇 刘　晶 孙万蜜 叶　升 王亚鑫 张银兴 刘慧明 祝　诚 陈庆锋 王　生 关凤慧 刘　斯 李一昂
校内调出：刘立山、张蕾（人事关系调出，继续担任学院专业教师）

2020 年

张　蕾 卜繁旭 杨　柳 杨　英 张丽琳 王　涛 华德平 秦晓红 朱春凤 武晓丽 袁文肃 彭　鑫 陈　成 宫晓群 黄金海 米立志 康　君 李　勇 郭艳余 刘培源 王泽方 王汉杰 常　津 严汉池 林　志 武　璇 刘　晶 孙万蜜 叶　升 王亚鑫 张银兴 刘慧明 祝　诚 陈庆锋 王　生 关凤慧 刘　斯 李一昂 乔安娜 张丽瑶 吕春婉 刘　杰 肖云杰 尚　洁
当年离职：杨英

2021 年

张　蕾 卜繁旭 杨　柳 张丽琳 王　涛 华德平 秦晓红 朱春凤 武晓丽 袁文肃 彭　鑫 陈　成 宫晓群 黄金海 米立志 康　君 李　勇 郭艳余 刘培源 王泽方 王汉杰 常　津 严汉池 林　志 武　璇 刘　晶 孙万蜜 叶　升 王亚鑫 张银兴 刘慧明 祝　诚 陈庆锋 王　生 关凤慧 刘　斯 李一昂 乔安娜 张丽瑶 吕春婉 刘　杰 肖云杰 尚　洁 李泽兴 李振鲁 刘　夺 徐冰红
当年离职：陈庆锋，校内调出：郭艳余

2022 年

张　蕾 卜繁旭 杨　柳 张丽琳 王　涛 华德平 秦晓红 朱春凤 武晓丽 袁文肃 彭　鑫 陈　成 宫晓群 黄金海 米立志 康　君 李　勇 刘培源 王泽方 王汉杰 常　津 严汉池 林　志 武　璇 刘　晶 孙万蜜 叶　升 王亚鑫 张银兴 刘慧明 祝　诚 王　生 关凤慧 刘　斯 李一昂 乔安娜 张丽瑶 吕春婉 刘　杰 肖云杰 尚　洁 李泽兴 李振鲁 刘　夺 徐冰红 史　赛 轩维民 王梦凡 刘海楠
当年离职：关凤慧

2023 年

张　蕾 卜繁旭 杨　柳 张丽琳 王　涛 华德平 秦晓红 朱春凤 武晓丽 袁文肃 彭　鑫 陈　成 宫晓群 黄金海 米立志 康　君 李　勇 刘培源 王泽方 王汉杰 常　津 严汉池 林　志 武　璇 刘　晶 孙万蜜 叶　升 王亚鑫 张银兴 刘慧明 祝　诚 王　生 刘　斯 李一昂 乔安娜 张丽瑶 吕春婉 刘　杰 肖云杰 尚　洁 李泽兴 李振鲁 刘　夺 徐冰红 史　赛 轩维民 王梦凡 刘海楠

张　旭 郭　旭 夏小璇 牛志广

当年离职：严汉池、刘杰，校内调出：刘慧明、李一昂

注：以上人员按照进入学院工作时间先后为序。

附录 6　科研项目清单

表 1　部分国家级科研项目清单

序号	项目名称	类别	负责人
1	新抗病毒基因的作用机理与病毒拮抗机制的研究	973 计划青年科学家项目	杨海涛
2	离子转运蛋白底物结合、转运及其调控机制的结构研究	973 计划子课题	严汉池
3	正交化蛋白质元件的人工设计与构建	国家重点研发计划项目	叶升
4	正交化蛋白质元件的适配机制	国家重点研发计划课题	叶升
5	病毒的实时动态示踪与感染机制研究	国家重点研发计划课题	常津
6	针对神经退行性疾病的合成肠道菌群体系构建及应用	国家重点研发计划青年项目（合作）	王汉杰
7	病原与宿主互作的重要蛋白结构解析	国家重点研发计划课题（合作）	张蕾
8	维生素类细胞工厂的构建及产业化示范	国家重点研发计划课题（合作）	刘夺
9	正交化蛋白质元件的人工设计 – 课题任务 2	国家重点研发计划课题（合作）	严汉池
10	正交化蛋白质元件的人工设计	国家重点研发计划课题（合作）	祝诚
11	正交化蛋白质元件的人工设计 3	国家重点研发计划课题（合作）	关凤慧
12	正交化蛋白质元件的组装应用	国家重点研发计划课题（合作）	陈庆锋
13	重要人畜共患食源性病原新型快速精准检测和分子溯源技术及产品研制	国家重点研发计划课题（合作）	黄金海
14	新型冠状病毒肺炎抗原检测系统的抗原纯化	国家重点研发计划课题（合作）	黄金海
15	人工合成嗅觉传感系统	国家重点研发计划青年项目	乔安娜
16	病毒特异性分子靶标的纳米标记	国家重点研发计划课题（合作）	王涛
17	酶促 DNA 从头合成新方法	国家自然科学基金专项基金项目（原创探索）	轩维民
18	纳米光遗传学	国家自然科学基金优秀青年科学基金项目	王汉杰
19	应用膜蛋白纳米组装研究 EGFR/HER2 过表达致癌的分子机理与结构	国家自然科学基金面上项目	米立志
20	与 EB 病毒肿瘤发生密切相关的潜伏膜蛋白的结构与功能	国家自然科学基金面上项目	严汉池
21	氮氧阴离子转运蛋白跨膜转运底物的分子机理的结构生物学研究	国家自然科学基金面上项目	严汉池
22	真核生物 CSC/OSCA 家族阳离子通道的结构与功能	国家自然科学基金面上项目	严汉池
23	神经营养素受体 p75 信号传导机理的核磁共振结构研究	国家自然科学基金面上项目	林志

续表

序号	项目名称	类别	负责人
24	基于老年性痴呆复杂发病机制的高协同效应纳米递药系统的构建	国家自然科学基金面上项目	常津
25	理性设计别构调控的蛋白质活性开关	国家自然科学基金面上项目	祝诚
26	血管形成与稳态维持的分子机理与新颖药物设计	国家自然科学基金面上项目	米立志
27	双模态探针引导智能基因精准治疗系统的研究	国家自然科学基金面上项目	常津
28	双功能聚对苯二甲酸乙二醇（PET）降解酶的构建、工作机制与应用研究	国家自然科学基金面上项目	王泽方
29	激动剂、拮抗剂及异构调节剂与 GABAA 受体相互作用的分子机制	国家自然科学基金面上项目	叶升
30	Otopetrin 家族质子通道的结构和功能研究	国家自然科学基金面上项目	陈庆锋
31	CD147- 乳酸转运蛋白复合体调控底物跨膜转运及肿瘤微环境与代谢的结构基础	国家自然科学基金面上项目	严汉池
32	发热伴血小板减少综合征病毒调节 JunB 泛素化介导炎性因子释放的分子机制研究	国家自然科学基金面上项目	王涛
33	基于“合成生物学 – 纳米光遗传学”肠菌移植凝胶系统的帕金森症肠脑轴调控研究	国家自然科学基金面上项目	王汉杰
34	基于“上转换光遗传技术”精准可控纳米递送系统的肿瘤诊疗一体化研究	国家自然科学基金面上项目	王汉杰
35	寨卡病毒解旋酶移位机制的研究	国家自然科学基金面上项目	杨海涛
36	功能未知小囊泡在膀胱血 – 尿屏障形成中的作用和机制研究	国家自然科学基金面上项目	王泽方
37	SUV39H1-H3K9me3 表观遗传学通路调控结直肠癌的免疫逃逸	国家自然科学基金面上项目	吕春婉
38	蜘蛛卵鞘丝蛋白成丝机理的核磁共振结构研究	国家自然科学基金面上项目	林志
39	羟基羧酸受体家族的结构生物学研究	国家自然科学基金面上项目	乔安娜
40	智能声控免疫治疗肝癌的可视化纳米药物研究	国家自然科学基金面上项目	常津
41	级联响应型纳米药物用于正反馈肿瘤免疫重塑治疗研究	国家自然科学基金面上项目	王生
42	TCR-CD3 复合物的结构与激活机制研究	国家自然科学基金青年基金项目	刘杰
43	Wolbachia 诱导胞质不相容性表型多样性分子机制研究	国家自然科学基金青年基金项目	肖云杰
44	镉胁迫下 MAPKs 对通道蛋白的调控机理	国家自然科学基金青年基金项目	张丽琳
45	细菌分裂蛋白 FtsZ 的动态特性及其形成 Z 环的相关机制探究	国家自然科学基金青年基金项目	关凤慧
46	ABA 和干旱敏感突变体 abo11 的基因克隆与功能分析	国家自然科学基金青年基金项目	华德平

续表

序号	项目名称	类别	负责人
47	病毒蛋白 Vpx 与宿主天然防御因子 SAMHD1 相互作用的机制研究	国家自然科学基金青年基金项目	秦晓红
48	理性设计表位嫁接的 HIV-1 Env 蛋白质抗原	国家自然科学基金青年基金项目	祝诚
49	Agonist-GPR119-Gs 复合物的结构生物学研究	国家自然科学基金青年基金项目	乔安娜
50	GABAA 受体的结构与功能研究	国家自然科学基金青年基金项目	刘斯
51	光动力 - 化学动力级联用于增强纳米药物联合治疗效率研究	国家自然科学基金青年基金项目	王生
52	冠状病毒主蛋白酶结构的系统研究及在分类学上的应用	国家自然科学基金青年基金项目	杨海涛
53	模拟生理环境下碱性磷酸酶的折叠、稳定性及分形催化动力学研究	国家自然科学基金青年基金项目	彭鑫
54	肿瘤细胞和 MDSCs 表达的 PD-L1 在胰腺癌免疫逃逸中的功能	国家自然科学基金青年基金项目	吕春婉
55	EV71 病毒复制机制及抗病毒抑制剂研究	国家自然科学基金青年基金项目	王亚鑫
56	γδT 细胞在小鼠急性乙肝感染模型中的功能研究	国家自然科学基金青年基金项目	武晓丽
57	基于反向荧光增强和抗体定向固定技术的 AMI 两种标志物 POCT 检测研究	国家自然科学基金青年基金项目	宫晓群
58	沙门氏菌效应蛋白 SseJ 和 PipB2 与宿主互作的分子机制	国家自然科学基金青年基金项目	刘培源
59	Rev7 相关蛋白复合物调节 APC/C 活性的结构基础	国家自然科学基金青年基金项目	谢伟
60	基于响应肿瘤微环境逐级释药的适体共载大分子药物纳米微囊的研究	国家自然科学基金青年基金项目	赵经文
61	新型靶向性自组装膀胱内部药物传输体系的构建和作用研究	国家自然科学基金青年基金项目	王泽方

表 2　部分省部级科研项目清单

序号	项目名称	类别	负责人
1	生物物理学会第六届中国科协青年托举人才工程	中国科协青年人才托举工程	刘斯
2	天津市第三批青年人才托举工程	天津市青年人才托举工程	王生
3	猪多亚型干扰素酿酒酵母表达构筑及其制剂研发	天津市合成生物技术创新能力提升行动项目	黄金海
4	食品安全检测技术及大数据分析创新团队	天津市人才发展特殊支持计划高层次创新创业团队	王汉杰
5	基于蛋白质结构分析预测多种中国 经济动物受新冠病毒感染的可能性	天津市津南区科技计划项目	叶升

续表

序号	项目名称	类别	负责人
6	滇紫草中糖消化酶抑制剂的发现及其降糖机理研究	国家重点实验室开放研究课题	彭鑫
7	γ δ T 细胞阻断乙肝肝硬化进程的功能和机制研究	国家重点实验室开放研究课题	武晓丽
8	有机室温磷光材料的合成及应用	国家重点实验室开放研究课题	张丽瑶
9	广西苏木中抗糖尿病物质的发现及其作用机制研究	国家重点实验室开放研究课题	彭鑫
10	大分子拥挤环境中膳食多酚对 α－葡萄糖苷酶的抑制及其作用机制研究	教育部重点实验室开放研究课题	彭鑫
11	一种快速、高灵敏、特异性检测 microRNA-21 的免疫层析技术研究	国家重点实验室开放研究课题	宫晓群
12	一种基于流式芯片的高灵敏、高通量 microRNA 检测方法研究	国家重点实验室开放研究课题	宫晓群
13	海南鹧鸪茶中抗糖尿病物质的快速识别与作用机理研究	教育部重点实验室开放研究课题	彭鑫
14	新型膀胱内部原位药物传输技术的研究	国家重点实验室开放研究课题	王泽方
15	巨细胞病毒膜融合蛋白及复制调控蛋白的结构与功能研究	国家重点实验室开放研究课题	陈成
16	猪源抗病毒因子 SAMHD1 结构与功能的研究	国家重点实验室开放研究课题	秦晓红
17	冠状病毒非结构蛋白 nsp9 的结构和功能的比较研究	高等学校博士学科点专项科研基金项目	杨海涛
18	天津市生物医药产业创新能力提升战略研究－课题	天津市工程科技发展战略研究项目	叶升
19	创建“天津绿色出行”进程中的通勤者出行方式选择影响因素研究	天津市哲学社会科学规划研究项目	刘立山
20	溶酶体膜离子通道结构生物学	天津市杰出青年科学基金项目	陈庆锋
21	天津市纳米检疗技术公共服务平台	天津市工程技术中心	常津
22	利用自主酵母表达系统制备猪圆环病毒 2 型 VLP 疫苗	天津市重点研发计划科技支撑重点项目	黄金海
23	急性髓系白血病精准治疗的高效协同药物体系研究	京津冀基础研究合作专项项目	常津
24	基于酿酒酵母底盘构筑的禽流感多价疫苗的研发	天津市重点研发计划科技支撑重点项目	黄金海
25	恶性黑色素瘤靶向基因治疗的研究	天津市自然科学基金面上项目	杨英
26	神经营养素受体 p75 信号传导抑制剂抑制机理的结构	天津市自然科学基金面上项目	林志
27	基于“CRISPR 靶向－光遗传调控”高协同纳米递药系统的新生血管眼底病变防治研究	天津市自然科学基金面上项目	王汉杰
28	抗糖尿病天然产物 α－淀粉酶 / α－葡萄糖苷酶抑制剂的靶向筛选及作用机制研究	天津市自然科学基金面上项目	彭鑫

续表

序号	项目名称	类别	负责人
29	心衰标志物 POCT 免疫荧光检测技术及产品研发	天津市自然科学基金青年项目	宫晓群
30	痢疾杆菌 IpaB 与人源 Rev7 蛋白复合物的结构与功能研究	天津市自然科学基金青年项目	谢伟
31	一个 ABA 敏感突变体的基因克隆及功能分析	天津市自然科学基金青年项目	华德平
32	基于老年性痴呆症的多靶点纳米递药系统的构建	天津市自然科学基金青年项目	王汉杰
33	SAMHD1 的蛋白结构及其抗病毒机制研究	天津市自然科学基金青年项目	秦晓红
34	拥挤环境中碱性磷酸酶折叠机制与分形催化动力学研究	天津市自然科学基金青年项目	彭鑫
35	无机磷分布异常突变体 hps20 的基因克隆与功能分析	天津市自然科学基金青年项目	康君
36	一种快速、高灵敏、同步检测 AMI 痕量血清标志物 cTnT 和 CK-MB 的 POCT 技术研究	天津市自然科学基金青年项目	宫晓群
37	EV71 病毒重要蛋白结构与抑制剂研究	天津市自然科学基金青年项目	王亚鑫
38	细菌骨架蛋白研究	天津市自然科学基金青年项目	关凤慧
39	乙肝肝硬化患者中 γδT 细胞作用和免疫状态评估	天津市自然科学基金青年项目	武晓丽

表 3　部分横向科研项目清单

序号	项目名称	委托方	负责人
1	口服新冠 COVID-19 病毒保护性抗原 S 蛋白酵母表面展示菌株疫苗技术的工程化	人人健康（北京）生物科技有限公司	黄金海
2	PIR 来源塑料降解制备 TPA 及 MEG 工艺开发	北京酶好生物科技有限公司	王梦凡
3	基于酿酒酵母底盘的口服人轮状病毒疫苗菌株研发	中逸安科生物技术股份有限公司	黄金海
4	生物基分散剂和阻燃剂的研发	广州埃登达投资发展合伙企业（有限合伙）	王泽方
5	外泌体检测技术研发	北京华科泰生物技术股份有限公司	刘培源
6	石墨烯保健品相关技术的研发	天津中健国康纳米科技股份有限公司	常津
7	基于酿酒酵母底盘表达 H9N2 亚型禽流感病毒 HA 蛋白和 NA 蛋白工程菌的构建	天津瑞普生物技术股份有限公司	黄金海
8	甲胺及其衍生物项目含甲胺废水精馏分离回收技术	内蒙古博源化学有限责任公司	彭鑫
9	手足口病灭活病毒蛋白的小鼠特异性单克隆抗体筛选与制备	中国食品药品检定研究院	王涛
10	蛋白质科学研究试剂盒	苏州捷科仪实验设备有限公司	叶升
11	口服幽门螺杆菌毒力蛋白表面展示酵母菌株的构建	人人健康（北京）生物科技有限公司	黄金海

续表

序号	项目名称	委托方	负责人
12	口服猴痘病毒免疫蛋白表面展示酿酒酵母菌株构建	人人健康（北京）生物科技有限公司	黄金海
13	口服诺如病毒酿酒酵母疫苗菌株研发	中逸安科生物技术股份有限公司	张丽琳
14	重组人源Ⅲ型胶原蛋白的研发	杭州因智拓生物技术有限公司	叶升
15	NMP 合成中间产物及产品精馏技术	重庆中润化学有限公司	彭鑫
16	二乙氧基甲烷精馏技术开发	安徽新远科技股份有限公司	彭鑫
17	NMN 以及相关路线（NAD）高产菌株的开发	美邦美和生物科技有限公司	米立志
18	口蹄疫、猪瘟、伪狂犬病毒保护性抗原酿酒酵母工程菌的构建	天津牧光新科生物技术有限公司	黄金海
19	二代促红细胞生成素的研发	天津亿普生物科技有限公司	秦晓红
20	非洲猪瘟病毒九组份基因工程亚单位噬菌体颗粒疫苗重组菌株构建	成都史纪生物制药有限公司	黄金海
21	白酒行业窖底水集中处置及资源化利用技术开发	贵州德润环保产业有限公司	彭鑫
22	丹鹿通督片和通络祛痛膏作用机制分析	河南羚锐制药股份有限公司	康君
23	饮用水中大肠杆菌分子检测方法的建立	北京普析通用仪器公司	华德平
24	康洋 200 个 RNA 样品 Hiseq 建库测序及质控技术服务	天津康洋基因科技有限公司	康君
25	真核细胞转录组建库技术开发	天津康洋基因科技有限公司	康君
26	促红细胞生成素的纯化工艺	天津迁昆元生物医药科技有限公司	米立志
27	新型血液净化吸附剂技术开发	天津市紫波高科技有限公司	常津
28	6 万吨 / 年可降解聚合物项目洗涤及回收系统工艺包设计	山东联创聚合物有限公司	彭鑫
29	621 和 BAG 精馏技术	安徽新远科技股份有限公司	彭鑫
30	“同时表达 INFα14 蛋白和人乙肝病毒 S 蛋白的重组酿酒酵母菌株及制备方法和应用”专利转让	天津牧光生物技术有限公司	黄金海
31	饮料生产线近红外检测技术研究	杭州娃哈哈集团有限公司	叶升
32	1.5 万吨 / 年五氯丙烷精馏系统工艺包	山东联创聚合物有限公司	彭鑫
33	猪繁殖与呼吸综合征病毒 GP5/2 酵母表达菌的构建	天津牧光生物技术有限公司	黄金海
34	理性设计抗新冠分子药物	蚌埠医学院第一附属医院	陈成
35	河北地区三阴性乳腺癌发展中的非编码 RNA 功能分析	河北医科大学第二医院	康君
36	曲霉活性抗原组分 HPLC- 光谱学联用测试	丹娜（天津）生物科技股份有限公司	王梦凡
37	新型荧光纳米材料量子点诊断技术开发	天津法莫西医药科技有限公司	常津
38	新型时间分辨荧光免疫分析技术开发	博奥赛斯（天津）生物科技有限公司	武晓丽

续表

序号	项目名称	委托方	负责人
39	利用二代基因测序技术筛选辐射生物剂量计候选基因	吉林省核学会	杨英
40	HCoV-OC43 与 HCoV-229E 蛋白批量表达技术服务	天津华科泰生物技术有限公司	黄金海
41	生物传感元件相关受体蛋白及其若干人工改造突变体的表达纯化、SPR 定量生化表征与结构分析	中国人民解放军军事科学院军事医学研究院微生物流行病研究所	陈成
42	重组全 B 细胞抗原表位 MOG 蛋白及一种跨膜蛋白的表达	天津华科泰生物技术有限公司	张丽琳
43	三代测序技术和代谢组分析技术开发	天津康洋基因科技有限公司	康君
44	脂类化合物合成工艺与应用开发（一）	深圳前海诺贝尔奖科学家技术转移转化有限公司	叶升
45	中药开道膏治疗食管癌的机制分析	焦作中海中医肿瘤医院	康君
46	蜂毒肽对大鼠关节炎抑制效果检测	中国农业科学院农产品加工研究所	王涛
47	蜂毒肽抗关节炎的病理形态学检测	中国农业科学院农产品加工研究所	王涛
48	基于磁性上转换荧光编码微球高通量检测食品中真菌毒素的方法研究	天津市产品质量监督检测技术研究院	宫晓群
49	生力欣免疫增强剂作用机理研究	天津生机集团股份有限公司	黄金海
50	禽戊肝酵母表达菌的构建	天津恒基利得生物科技发展有限公司	黄金海
51	新城疫病毒和 H5 型禽流感病毒抗原表位蛋白的批量表达服务	天津博硕科技有限公司	张丽琳
52	禽流感 H3N8 病毒蛋白表达酵母的构建	天津五谷香农业发展有限公司	华德平
53	橙汁、苹果汁香气成分品质分析与鉴伪方法研究	天津出入境检验检疫局动植物与食品检测中心	彭鑫
54	盐酸多西环素注射液的产业化应用与示范推广	天津市兽药饲料监察所	黄金海
55	建立雌二醇诱导的正常乳腺细胞恶性转化的细胞模型	吉林大学第一医院	杨英
56	营养组件配比对消化酶及肠道细胞中转运蛋白活性的影响	陕西住院帮医疗科技有限公司	彭鑫
57	罕见病基因治疗工具 -IgG 降解酶 IdeS 的活性改造及临床药效研究	北京亦城合作发展基金会	陈成
58	免疫检测评估试剂盒研发	天津尤金生物科技有限公司	武晓丽
59	靶向 BRET 探针关键技术研究	天津达文生物技术有限公司	康君
60	健康人群外周血免疫功能评估的分析体系开发	天津尤金生物科技有限公司	武晓丽
61	靶向探针关键技术研究	天津达文生物技术有限公司	康君
62	羊病副流感病毒间接 ELISA 检测试剂盒的优化	天津奥群羊业研究院有限公司	李泽兴
63	鸡传染性支气管炎病毒蛋白表达酵母的构建	天津五谷香农业发展有限公司	张蕾

续表

序号	项目名称	委托方	负责人
64	异烟肼药物纳米颗粒制备	天津市海河医院	常津
65	利福平药物纳米颗粒制备	天津市海河医院	常津
66	WJ0909B 小鼠体内最大耐受剂量检测	中国医学科学院药物研究所	吕春婉
67	“一种米托蒽醌纳米靶向缓释长循环脂质体及制备方法”等七项专利转让	中知在线股份有限公司	常津
68	Nha 蛋白调控细胞凋亡生物信息学分析	中国农业科学院农产品加工研究所	康君
69	杜仲叶茯茶活性成分测定	陕西学前师范学院	彭鑫
70	蓝细菌环肽类化合物的免疫生物抑制活性机制和动物实验	宁波大学医学部	武晓丽
71	FIPs 蛋白调控肿瘤细胞凋亡方式检测	中国农业科学院农产品加工研究所	康君
72	盐酸二甲双胍缩合反应粗品的质量检测方法研究	北京瑞可森环保科技有限公司	彭鑫
73	植物乳杆菌烯醇化酶高效表达与定向改造研究	鲁东大学	刘培源
74	纳米聚合物负载的稀土元素铈 (Ce) 对 α 晶状体蛋白的抗糖基化和抗氧化作用研究	复旦大学附属眼耳鼻喉科医院	宫晓群
75	口腔拭子基因组 DNA 提取方法研究	万康源（天津）基因科技有限公司	康君
76	“盐酸米诺环素纳米碳酸钙制剂及其制备方法”等五项专利转让	天津三禾科技创新服务有限公司	常津
77	199 培养基优化	无锡市美迪生物制品有限公司	杨英
78	荞麦提取物的生物学活性研究	陕西学前师范学院	彭鑫
79	重组 ACE2 突变体与病毒 S 蛋白的结合动力学表征	中国人民解放军海军军医大学基础医学院	陈成
80	vvhA 细菌毒素抗原的纯化制备及抗原动力学检测	中国人民解放军海军军医大学基础医学院	陈成
81	rtxA 细菌毒素抗原的纯化制备及抗原动力学检测	中国人民解放军海军军医大学基础医学院	陈成
82	生物膜干涉技术 BLI 检测	天津市肿瘤医院	康君
83	溶出试验介质引入干扰性杂质分析	天津市天大天发科技有限公司	朱春凤
84	中医“脾胃病”病理图像分析与处理	广州中医药大学	米立志
85	“爱分”食品血糖生成指数研究	北京海爱创新食品科技有限公司	刘培源
86	腌制黄豆中营养成分的鉴定	天科惠康医药科技（天津）有限公司	康君

附录 7　学院集体及教师获奖情况

表 1　各级集体奖项获奖情况

获奖时间	奖项级别（国家级 / 省部级 / 校级）	获奖集体	奖项名称
2013 年	校级	生命科学学院	天津大学第 53 届田径运动会教工组精神文明奖
2013 年	校级	生命科学学院	天津大学首届“汉字英雄”大赛优秀团队
2014 年	校级	生命科学学院工会	天津大学基层工会特色工作评选三等奖
2014 年	校级	生命科学学院	天津大学共青团调研工作先进单位
2014 年	校级	生命科学学院	天津大学优秀院级体育部一等奖第一名
2014 年	校级	生命科学学院	天津大学第七届合唱节银奖、最佳风采奖
2014 年	校级	2013 级本科生联合团支部	天津大学“五四红旗示范团支部新秀奖”
2014 年	校级	2013 级本科生联合团支部	天津大学“五四红旗示范团支部”
2015 年	校级	生命科学学院工会	天津大学基层工会特色工作评选二等奖
2015 年	校级	生命科学学院	天津大学第 54 届田径运动会教工组精神文明奖
2016 年	校级	生命科学学院	天津大学第 55 届田径运动会教工组、学生组精神文明奖
2016 年	校级	生命科学学院	2016 年度天津大学消防安全先进单位
2016 年	校级	生命科学学院工会	2016 年天津大学工会特色工作评选二等奖
2016 年	校级	生命科学学院学生会	天津大学优秀院级学生会
2016 年	校级	2014 级生科 1 班	2015—2016 学年天津大学先进集体
2016 年	校级	2015 级硕士研究生班	2015—2016 学年天津大学先进集体
2016 年	校级	实验中心（杨柳、李勇、朱春风）	天津大学 2015—2016 年度“青年文明岗”
2016 年	校级	结构生物学团队（杨海涛、王泽方、陈成）	2016 年度天津大学劳动竞赛示范集体

续表

获奖时间	奖项级别（国家级 / 省部级 / 校级）	获奖集体	奖项名称
2016 年	校级	结构生物学团队 （杨海涛、王泽方、陈成）	天津大学 2015—2016 年度“青年文明岗”
2016 年	院级	综合党支部	生命科学学院“最佳党日”活动（生科之路）
2016 年	院级	2014 级学生党支部	生命科学学院“最佳党日”活动（学讲话精神 做合格党员）
2016 年	院级	2015 级学生党支部	生命科学学院“最佳党日”活动（知党、爱党、信党、跟党）
2017 年	省部级	生命科学学院	全国优秀敬老志愿集体
2017 年	省部级	冯世庆、孔晓红、宁广智、常津、周先虎、郑永发、徐云强、班德翔、刘洋、周恒星、姚雪、魏志坚	天津市科技进步一等奖（脊髓损伤流行病学特征及微环境理论的创立与临床应用）
2017 年	省部级	生命科学学院	天津市第五届大学生生命科学基本实验技能竞赛组织奖
2017 年	省部级	纳米生物技术团队 （常津、王汉杰、宫晓群、武晓丽）	2017 年度天津市教育系统劳动竞赛“示范集体”
2017 年	校级	生命科学学院工会	天津大学院级职工小家互评互看一等奖
2017 年	校级	生命科学学院工会	天津大学 2017 年度院级工会工作二等奖
2017 年	校级	生命科学学院学生会	天津大学最佳人气学生会
2017 年	校级	生命科学学院	天津大学第 56 届田径运动会天津大学卫津路校区阳光体育团体总分第三名、学生组精神文明奖
2017 年	校级	生命科学学院党总支	天津大学 2017 年教工思想政治工作优秀示范项目（以“博奥思悟”微信公众号为例探索师生网络思政工作新途径）
2017 年	校级	生命科学学院	2017 年度天津大学学科竞赛组织工作先进单位
2017 年	校级	生命科学学院	2017 年度天津大学招生宣传工作先进单位
2017 年	校级	生命科学学院	天津大学 2017 年保密工作先进集体

续表

获奖时间	奖项级别（国家级 / 省部级 / 校级）	获奖集体	奖项名称
2017 年	校级	黄金海、张蕾、张丽琳、杨柳、华德平、田浩、郭艳余	天津大学 2017 年教学成果奖二等奖（多途径强化自主学习，提升微生物学教学质量的探索与实践）
2017 年	校级	张蕾、刘一、袁文肃、华德平、张丽琳、李勇、郭艳余、郭帅、杨柳、黄金海、赵剑、王汉杰、武璇、刘晶、秦晓红、刘立山	天津大学 2017 年教学成果奖二等奖（多元化的生物科学野外综合实习创新与实践）
2017 年	校级	生命科学学院米粉俱乐部（米立志）	天津大学金牌活力实验室
2018 年	省部级	**常津**、梁兴杰、薛雪、**宫晓群**、**王汉杰**、**武晓丽**、郭伟圣、郭妍妍	天津市自然科学一等奖（纳米药物在若干重要疾病治疗方面的基础研究）
2018 年	省部级	乔明强、徐海津、**王泽方**、赵立强、王恺、孔德领、于雷、张钧	天津市自然科学二等奖（真菌疏水蛋白自组装分子机制和材料表面修饰功能的研究）
2018 年	省部级	生命科学学院	天津市第六届大学生生命科学基本实验技能竞赛优秀组织奖
2018 年	省部级	陈冠益、侯立安、戴晓虎、布多、**张蕾**、吕学斌、旦增、季民、马文超、张光辉、杜桂月、钟磊、王灿	高等教育天津市级教学成果奖一等奖
2018 年	校级	生命科学学院工会	天津大学 2018 年度基层工会工作二等奖
2018 年	校级	微生物免疫课题组（黄金海）	天津大学金牌活力实验室
2018 年	校级	纳米生物技术团队（常津）	天津大学金牌活力实验室
2018 年	校级	生命科学学院	天津大学 2018 年本科生国际交流与培养先进单位
2018 年	校级	生命科学学院	天津大学 2018 年本科招生工作先进单位
2018 年	校级	生命科学学院研究生会	天津大学 2017—2018 学年度先进集体
2018 年	校级	生命科学学院学生会	天津大学 2017—2018 学年度先进集体
2018 年	校级	2017 级联合团支部	天津大学最佳团日活动
2019 年	省部级	李守军、刘建文、**黄金海**、郁宏伟、刘海霞、朱秀同、王艳晓、吕茂杰	天津市科技进步二等奖（猪病毒性疫苗关键共性技术开发与产业化）
2019 年	省部级	张文艳、于晓方、**王涛**、王虹、周小红、于静华、李兆龙、李景良、常军亮、刘新	吉林省自然科学一等奖（逆转录病毒辅助蛋白 Vif 分子作用机制的研究）

续表

获奖时间	奖项级别（国家级 / 省部级 / 校级）	获奖集体	奖项名称
2019 年	省部级	任怡璇、孔凡冬、王锦迪、陶硕、**刘慧明**	“礼赞新中国 奋进新时代”庆祝新中国成立 70 周年天津教职工朗诵比赛二等奖
2019 年	校级	生命科学学院党总支	天津大学 2019 年教工思想政治工作特色项目（多措并举，加强教师思政工作，促进教师全面发展）
2019 年	校级	生命科学学院工会	天津大学 2019 年度基层工会工作一等奖
2019 年	校级	2018 级生科联合团支部	天津大学“五四红旗示范团支部”
2019 年	校级	2018 级硕士生党支部	天津大学 2018—2019 学年度先进集体
2019 年	校级	2018 级硕士生党支部	天津大学首批党建工作“对标争先”样板党支部、天津大学十佳学生党日活动
2019 年	校级	生命科学学院学生会	天津大学 2018—2019 学年度先进集体
2020 年	省部级	黄金海、张蕾、张丽琳、彭鑫、华德平、郭艳余、杨柳	天津市创新人才推进计划重点领域创新团队
2020 年	省部级	微生物免疫党支部	天津市教育系统 2019—2020 年度“创最佳党日”优秀活动（抗击疫情 勇担使命）
2020 年	校级	微生物免疫团队（黄金海）	天津大学 2019 年劳动竞赛示范集体
2020 年	校级	生命科学学院	天津大学 2020 年就业工作优秀单位
2020 年	校级	生命科学学院工会	天津大学 2020 年度基层工会工作二等奖
2020 年	校级	2018 级生科联合团支部	天津大学“五四红旗示范团支部”
2020 年	校级	2018 级生科硕士生党支部	天津大学先进集体
2021 年	省部级	纪勇、**宫晓群**、岳伟、**武晓丽**、石志鸿、刘帅、李攀、王晓丹	天津市科技进步二等奖（痴呆流行病学、发病机制和早期诊治应用研究）
2021 年	省部级	**常津**、鞠熀先、李彤、刘萍、**宫晓群**、严枫、**王汉杰**、**武晓丽**	中国生物医学工程学会黄家驷生物医学工程奖二等奖
2021 年	省部级	综合党支部	天津市教育系统 2020—2021 年度“创最佳党日”优秀活动（传好脱贫攻坚接力棒 开启乡村振兴新征程）

续表

获奖时间	奖项级别（国家级 / 省部级 / 校级）	获奖集体	奖项名称
2021 年	省部级	**王涛、朱春风**、王志云、**王汉杰**	2021 年度卓越大学联盟高校教师教学创新大赛三等奖
2021 年	校级	常津、王涛、康君、朱春风、武晓丽、宫晓群、王汉杰、祝诚	天津大学 2021 年教学成果奖一等奖（基于 CCNS 理念的创新创业型人才培养探索与实践）
2021 年	校级	张蕾、黄金海、张丽琳、杨柳、郭艳余、彭鑫、华德平	天津大学 2021 年教学成果奖二等奖（服务创新实践型人才培养混合式微生物学教学的探索与实践）
2021 年	校级	微电子学院、**生命学院**、法学院、药学院工会联合代表	天津大学"颂歌献给党 唱响新时代"教职工合唱展演一等奖
2021 年	校级	结构生物学团队（叶升）	天津大学 2021 年劳动竞赛示范集体
2021 年	校级	生命科学学院	天津大学 2021 年度保密工作先进集体
2021 年	校级	生命科学学院	天津大学首届综合运动会会暨第六十届田径运动会学生组精神文明奖
2021 年	校级	生命科学学院	天津大学第二届医科秋季运动会团体二等奖
2021 年	校级	生命科学学院工会	天津大学 2021 年院级工会工作特等奖
2021 年	校级	生命科学学院研究生会	天津大学先进集体
2021 年	校级	本科生党支部	天津大学先进集体
2021 年	校级	本科生党支部	天津大学学生党支部"示范组织生活"三等奖、天津大学学生"十佳党日活动"
2022 年	省部级	微纳技术与结构生物党支部	天津市教育系统 2021—2022 年度"创最佳党日"优秀活动（勇担高等教育新使命 迈上科教兴国新征程）
2022 年	省部级	张玲、冯霞、马骁飞、**常津**、杜云飞、赵温涛、唐向阳、**王涛**、陈乐、康君、刘俊吉、朱荣娇、Jay Siegel、田昀、**武晓丽**	天津市教学成果奖二等奖（以"CMATI"为核心的国际化基础学科教育生态系统的构建与实践）
2022 年	校级	常津、武晓丽、王生、宫晓群、王汉杰、康君	天津大学研究生教育教学成果奖一等奖（聚焦国家发展战略，培养具有创新精神和实践能力的纳米生物技术人才）

续表

获奖时间	奖项级别（国家级 / 省部级 / 校级）	获奖集体	奖项名称
2022 年	校级	生命科学学院	天津大学 2022 年度优秀学生工作单位
2022 年	校级	生命科学学院工会	天津大学 2022 年院级工会工作一等奖
2022 年	校级	纳米生物医学教研组	天津大学 2022 年劳动竞赛示范集体
2022 年	校级	本科生党支部	天津大学先进集体
2022 年	校级	生命科学学院研究生会	天津大学先进集体
2022 年	校级	生命科学学院学生发展中心	天津大学先进集体
2022 年	校级	生命科学学院学生会	天津大学优秀院级学生会
2022 年	校级	生命科学学院青年志愿者协会	天津大学优秀院级志愿者协会标兵
2023 年	省部级	马德华、刘莉、庞金安、张庆栋、庞继涛、张腾、**华德平**、夏宝莲、张桂华、马磊、刘杰、李怀智	天津市科技进步一等奖（甜瓜商业化育种体系创建及新品种推广应用）
2023 年	省部级	赵阳、李雪、吴梦琳、张雪宁、彭景、李建民、**宫晓群**、刘晓鸣	天津市科技进步二等奖（提升疾病精准诊疗的多维影像体系关键技术的建立及应用）
2023 年	校级	生命科学学院	天津大学 2023 年度保密工作先进集体
2023 年	校级	生命科学学院	天津大学 2023 年度优秀学生工作单位
2023 年	校级	生命科学学院	天津大学第六十一届田径运动会学生组精神文明奖
2023 年	校级	生命科学学院工会	天津大学院级工会工作一等奖
2023 年	校级	本科生党支部	天津大学学生党支部优秀“示范组织生活”
2023 年	校级	生命学院团委	天津大学 2022—2023 年度“五四红旗团委”
2023 年	校级	2020 级生物科学联合团支部	天津大学 2022—2023 年度“五四红旗示范团支部标兵”
2023 年	校级	2022 级生物科学联合团支部	天津大学 2022—2023 年度“五四红旗示范团支部标兵”
2023 年	校级	生命科学学院研究生会	天津大学先进集体

注：与其他单位人员联合获得的奖项，本院教师姓名以粗体显示。

表 2　国家级奖项 / 专业学术领域个人获奖情况

获奖时间	获奖人	奖项名称
2014 年	常津	全国优秀科技工作者
2016 年	杨海涛	中国侨界贡献奖
2020 年	常津	政府特殊津贴
2020 年	尚洁	全国优秀共青团干部
2022 年	王汉杰	中国颗粒学会青年颗粒学奖

表 3　省部级奖项个人获奖情况

获奖时间	获奖人	奖项名称
2014 年	郭帅	天津市青年管理干部基本功竞赛党务组二等奖
2016 年	卜繁旭	天津市第十三届高校青年管理干部基本功竞赛（行政组）三等奖
2016 年	秦晓红	天津市第十三届高校青年教师教学基本功竞赛（理科组）三等奖
2016 年	杨海涛	天津五四奖章
2015 年	常津	天津市教育系统劳动竞赛“示范岗”先进个人
2016 年	常津	天津市教育系统优秀共产党员
2018 年	王涛	天津市西青区创新创业英才“113”计划创业领军人才
2018 年	王汉杰	天津市创新人才推进计划青年科技优秀人才
2019 年	黄金海	天津市教育系统优秀思想政治工作者
2020 年	武晓丽	天津市第十五届青年教师教学竞赛理科组二等奖
2021 年	王生	天津市优秀青年科技工作者
2022 年	武晓丽	天津市第十六届青年教师教学竞赛理科组二等奖
2022 年	康君	天津市第十六届青年教师教学竞赛理科组二等奖
2023 年	康君	第十七届“挑战杯”天津市大学生课外学术科技作品竞赛优秀指导教师
2023 年	华德平	江苏省第十五批科技镇长团考核优秀

表 4　校级奖项个人获奖情况

获奖时间	获奖人	奖项名称
2013 年	张蕾	天津大学 2013 年度三八红旗手
2014 年	赵剑	天津大学“管理育人”先进工作者
2014 年	郭帅	天津大学第三届青年管理干部基本功竞赛二等奖
2015 年	张蕾	天津大学 120 周年校庆突出贡献奖

续表

获奖时间	获奖人	奖项名称
2015 年	赵剑	天津大学 120 周年校庆青年先锋奖、先进个人
2015 年	刘立山	天津大学 120 周年校庆工作先进个人
2015 年	刘立山	天津大学第二十一届十佳杰出青年（教工）
2015 年	杨柳	天津大学 120 年华诞校庆系列纪念活动之天津大学师德演讲比赛二等奖
2015 年	郭帅	天津大学“青年教工先锋岗”先进个人
2015 年	田浩	天津大学保密先进个人
2015 年	田浩	天津大学本科招生宣传先进个人
2015 年	田浩	天津大学 120 周年校庆工作先进个人
2015 年	李勇	天津大学 120 周年校庆工作先进个人
2015 年	郭艳余	天津大学 120 周年校庆工作先进个人
2015 年	郭艳余	天津大学辅导员最佳新人奖
2015 年	郭艳余	天津大学优秀共青团干部（教工）
2016 年	卜繁旭	天津大学第四届青年管理干部基本功竞赛一等奖
2016 年	秦晓红	天津市第十三届青年教师教学基本功竞赛校内选拔赛二等奖
2016 年	杨柳	天津市第十三届青年教师教学基本功竞赛校内选拔赛三等奖
2016 年	杨海涛	2016 年度天津大学“教工示范岗”
2016 年	王汉杰	2016 年度天津大学“青年教工示范岗”
2016 年	田浩	2016 年度天津大学消防安全先进个人
2016 年	郭艳余	天津大学优秀院级学生会指导教师
2016 年	赵剑	天津大学优秀共产党员
2016 年	张丽琳	天津大学优秀共产党员
2016 年	刘立山	天津大学优秀党务工作者
2017 年	赵剑	天津大学 2017 年就业工作先进个人
2017 年	黄金海	天津大学“我心目中的好导师”
2017 年	刘立山	天津大学“管理育人”青年先进工作者
2017 年	刘立山	天津大学 2017 年“优秀辅导员”
2017 年	卜繁旭	天津大学 2016 年本科招生宣传工作先进个人
2017 年	卜繁旭	天津大学文明校园建设先进个人
2017 年	郭帅	2017 年本科教学管理先进个人
2017 年	张丽琳	天津大学“教书育人”先进工作者
2017 年	康君	天津市第十四届青年教师教学竞赛校内选拔赛特等奖
2017 年	武晓丽	天津市第十四届青年教师教学竞赛校内选拔赛一等奖

续表

获奖时间	获奖人	奖项名称
2017 年	秦晓红	天津市第十四届青年教师教学竞赛校内选拔赛一等奖
2017 年	秦晓红	天津大学 2017 年度校级三八红旗手
2017 年	田浩	天津大学 2017 年保密工作先进个人
2017 年	宫晓群	天津大学 2017 届本科生毕业设计（论文）优秀指导教师
2017 年	宫晓群	天津大学第三届大学生创新创业年会优秀创新项目奖三等奖
2017 年	常津	天津大学校级优秀博士学位论文指导教师
2017 年	杨海涛	天津大学校级优秀硕士学位论文指导教师
2017 年	李勇	2017 年度天津大学沈志康奖教金
2017 年	李勇	天津大学首届“师生杯”联赛足球对抗赛优胜奖
2017 年	郭艳余	天津大学十佳辅导员提名奖
2017 年	郭艳余	天津大学十佳工作案例提名奖
2017 年	郭艳余	天津大学文明校园建设先进个人
2017 年	郭艳余	天津大学优秀科创指导教师
2017 年	武璇	天津大学 2016—2017 年度优秀共青团干部
2017 年	武璇	天津大学第五届青年管理干部竞赛一等奖
2018 年	李勇	天津大学 2017 年度消防安全先进个人
2018 年	张蕾	2017 年度天津大学优秀工会之友
2018 年	赵剑	2017 年度天津大学优秀工会工作者
2018 年	卜繁旭	2017 年度天津大学优秀工会积极分子
2018 年	王汉杰	2017 年度天津大学优秀工会积极分子
2018 年	卜繁旭	天津大学 2018 年度工会教代会培训优秀学员
2018 年	华德平	2018 年天津大学基层工会干部工作培训优秀学员
2018 年	袁文肃	天津大学 2018 届本科生毕业设计（论文）优秀指导教师
2018 年	张蕾	天津大学 2018 届本科生毕业设计（论文）优秀指导教师
2018 年	杨海涛	天津大学校级优秀博士学位论文指导教师
2018 年	常津	天津大学校级优秀硕士学位论文指导教师
2018 年	武璇	天津大学 2017—2018 年度优秀共青团干部
2019 年	黄金海	天津大学“教书育人”先进工作者
2019 年	常津	天津大学校级优秀博士学位论文指导教师
2019 年	常津	天津大学校级优秀硕士学位论文指导教师
2019 年	张蕾	天津大学 2019 届本科生毕业设计（论文）优秀指导教师
2019 年	郭艳余	天津大学第六届青年管理干部竞赛二等奖

续表

获奖时间	获奖人	奖项名称
2019 年	刘立山	天津大学“管理育人”先进工作者
2019 年	宫晓群	2019 年度天津大学沈志康奖教金
2019 年	朱春凤	2019 年度天津大学沈志康奖教金
2019 年	武晓丽	天津大学第十五届高校青年教师教学竞赛校内选拔赛一等奖
2019 年	张银兴	2019 年天津大学研究生教育管理工作管理服务质量奖先进个人
2020 年	李一昂	天津大学 2019 年优秀工会之友
2020 年	卜繁旭	天津大学 2019 年优秀工会积极分子
2020 年	秦晓红	天津大学 2019 年优秀工会积极分子
2020 年	华德平	天津大学 2019 年优秀工会积极分子
2020 年	王泽方	天津大学 2019 年教工示范岗
2020 年	宫晓群	天津大学 2019 年青年教工示范岗
2020 年	华德平	天津大学 2019 年本科招生宣传工作先进个人
2020 年	杨柳	2019 年度天津大学实验室安全先进个人
2020 年	刘慧明	天津大学 2019—2020 年度优秀共青团干部
2020 年	孙万蜜	2019 年天津大学学生工作优秀论文评选一等奖
2020 年	孙万蜜	2019 年度天津大学劳动育人工作先进个人
2020 年	孙万蜜	天津大学 2019 年就业工作先进个人
2020 年	孙万蜜	天津大学“十佳辅导员”
2020 年	王泽方	2020 年度天津大学沈志康奖教金
2020 年	常津	天津大学第十三届“我心目中的十佳好导师”
2020 年	常津	天津大学校级优秀博士学位论文指导教师
2020 年	宫晓群	天津大学校级优秀硕士学位论文指导教师
2020 年	林志	天津大学 2020 届本科生毕业设计（论文）优秀指导教师
2020 年	叶升	天津大学 2020 届本科生毕业设计（论文）优秀指导教师
2020 年	武晓丽	天津市第十五届高校青年教师教学竞赛校内选拔赛一等奖
2021 年	尚洁	天津大学辅导员工作优秀论文一等奖
2021 年	尚洁	天津大学 2021 年十佳优秀工会工作者
2021 年	尚洁	天津大学优秀党务工作者
2021 年	刘慧明	天津大学优秀共青团干部
2021 年	刘慧明	天津大学就业工作先进个人
2021 年	李一昂	天津大学 2020 年度本科招生工作突出贡献奖
2021 年	武晓丽	天津大学 2020 年度本科招生宣传工作先进个人

续表

获奖时间	获奖人	奖项名称
2021 年	彭予心	天津大学 2020 年度本科招生宣传工作先进个人
2021 年	彭予心	2020 年天津大学优秀工会积极分子
2021 年	彭予心	2021 年年十佳优秀本科教务管理工作者
2021 年	武璇	天津大学 2021 年度保密工作先进个人
2021 年	武璇	2021 年度天津大学沈志康奖教金
2021 年	王涛	天津大学第十四届“我心目中的十佳好导师”
2021 年	王涛	天津大学首届教师教学创新大赛正高组二等奖
2021 年	王涛	天津大学 2021 届本科生毕业设计（论文）优秀指导教师
2021 年	宫晓群	天津大学 2021 届本科生毕业设计（论文）优秀指导教师
2021 年	常津	天津大学校级优秀博士学位论文指导教师
2021 年	黄金海	天津大学校级优秀硕士学位论文指导教师
2021 年	叶升	天津大学校级优秀硕士学位论文指导教师
2021 年	孙万蜜	天津大学优秀共产党员
2021 年	彭鑫	天津大学优秀共产党员
2021 年	彭鑫	2020 年天津大学优秀工会积极分子
2021 年	康君	天津市第十六届青年教师教学竞赛校内选拔赛一等奖
2021 年	武晓丽	天津市第十六届青年教师教学竞赛校内选拔赛二等奖
2021 年	康君	天津大学青年教工示范岗
2021 年	华德平	天津大学 2021 年优秀工会积极分子
2021 年	彭鑫	天津大学 2021 年优秀工会积极分子
2021 年	秦晓红	天津大学 2021 年优秀工会积极分子
2021 年	刘慧明	天津大学 2021 年优秀工会积极分子
2021 年	李一昂	天津大学 2021 年优秀工会之友
2021 年	王汉杰	天津大学 2021 年民主管理优秀干部
2022 年	刘慧明	天津大学优秀辅导员
2022 年	刘慧明	天津大学优秀共青团干部
2022 年	刘慧明	天津大学学生党建工作先进个人
2022 年	刘慧明	天津大学优秀学生会指导教师
2022 年	李一昂	天津大学 2022 年优秀工会之友
2022 年	王汉杰	天津大学 2022 年优秀民主管理干部
2022 年	肖云杰	天津大学 2022 年优秀工会积极分子
2022 年	刘慧明	天津大学 2022 年优秀工会积极分子
2022 年	尚洁	天津大学 2022 年十佳优秀工会工作者

续表

获奖时间	获奖人	奖项名称
2022 年	尚洁	天津大学辅导员工作优秀论文二等奖
2022 年	尚洁	天津大学就业工作先进个人
2022 年	刘海楠	天津大学优秀青协指导教师
2022 年	徐冰红	天津大学第一届“师以德为荣　文以述初心”教职工师德主题征文作品三等奖
2022 年	武晓丽	天津大学 2021 年本科招生宣传先进个人
2022 年	武晓丽	天津大学青年教工示范岗
2022 年	王生	天津大学第十五届“我心目中的十佳好导师”
2022 年	黄金海	天津大学 2022 届本科生毕业设计（论文）优秀指导教师
2022 年	王涛	天津大学 2022 届本科生毕业设计（论文）优秀指导教师
2022 年	王涛	天津大学校级优秀硕士学位论文指导教师
2022 年	李一昂	天津大学工会之友
2022 年	王汉杰	天津大学第九届教职工代表大会第一次会议优秀提案
2023 年	康君	天津市第十七届高校青年教师教学竞赛校内选拔赛一等奖
2023 年	李振鲁	天津大学 2023 年教工示范岗
2023 年	杨海涛	天津大学校级优秀博士学位论文指导教师
2023 年	黄金海	天津大学校级优秀硕士学位论文指导教师
2023 年	彭鑫	天津大学校级优秀硕士学位论文指导教师
2023 年	李一昂	天津大学 2022 年本科招生工作杰出贡献奖
2023 年	武晓丽	天津大学 2022 年本科招生宣传工作标兵
2023 年	尚洁	天津大学 2022 年本科招生宣传工作优秀个人
2023 年	牛志广	天津大学 2023 年优秀工会之友
2023 年	尚洁	天津大学 2023 年十佳优秀工会工作者
2023 年	王汉杰	天津大学 2023 年优秀民主管理干部
2023 年	康君	天津大学 2023 年优秀工会积极分子
2023 年	乔安娜	天津大学 2023 年优秀工会积极分子
2023 年	彭鑫	天津大学 2023 年优秀工会积极分子
2023 年	华德平	天津大学 2023 年优秀工会积极分子
2023 年	王亚鑫	天津大学 2023 年度“优秀师友导师”
2023 年	武晓丽	天津大学 2023 年度“优秀师友导师”
2023 年	彭鑫	天津大学 2023 年度“优秀师友导师”
2023 年	王涛	天津大学 2023 年度保密工作先进个人
2023 年	王涛	天津大学 2023 届本科生毕业设计（论文）优秀指导教师
2023 年	祝诚	天津大学 2023 届本科生毕业设计（论文）优秀指导教师

表 5　院级奖项个人获奖情况

获奖时间	获奖人	奖项名称
2016 年	赵剑	生命科学学院优秀共产党员
2016 年	郭艳余	生命科学学院优秀共产党员
2016 年	张丽琳	生命科学学院优秀共产党员
2016 年	彭鑫	生命科学学院优秀共产党员
2016 年	王泽方	生命科学学院优秀共产党员
2016 年	宫晓群	生命科学学院优秀共产党员
2019 年	王泽方	生命科学学院 2019 年青年教师讲课大赛特等奖
2019 年	王汉杰	生命科学学院 2019 年青年教师讲课大赛一等奖
2019 年	武晓丽	生命科学学院 2019 年青年教师讲课大赛一等奖
2019 年	华德平	生命科学学院 2019 年青年教师讲课大赛二等奖
2019 年	彭鑫	生命科学学院 2019 年青年教师讲课大赛二等奖
2019 年	张丽琳	生命科学学院 2019 年青年教师讲课大赛二等奖
2021 年	卜繁旭	生命科学学院优秀党务工作者
2021 年	杨柳	生命科学学院优秀党务工作者
2021 年	武璇	生命科学学院优秀党务工作者
2021 年	朱春风	生命科学学院优秀共产党员
2021 年	宫晓群	生命科学学院优秀共产党员
2021 年	张丽琳	生命科学学院优秀共产党员
2021 年	吕春婉	生命科学学院 2021 年青年教师讲课大赛特等奖
2021 年	刘斯	生命科学学院 2021 年青年教师讲课大赛一等奖
2021 年	祝诚	生命科学学院 2021 年青年教师讲课大赛一等奖
2021 年	乔安娜	生命科学学院 2021 年青年教师讲课大赛二等奖
2021 年	王亚鑫	生命科学学院 2021 年青年教师讲课大赛二等奖
2021 年	李振鲁	生命科学学院 2021 年青年教师讲课大赛二等奖
2023 年	乔安娜	生命科学学院第三届青年讲课大赛一等奖
2023 年	李振鲁	生命科学学院第三届青年讲课大赛一等奖
2023 年	刘斯	生命科学学院第三届青年讲课大赛二等奖
2023 年	肖云杰	生命科学学院第三届青年讲课大赛三等奖
2023 年	刘夺	生命科学学院第三届青年讲课大赛三等奖

附录 8　相关媒体报道

Languages　微言教育　无障碍浏览　登录 | 注册

中华人民共和国教育部
Ministry of Education of the People's Republic of China

当前位置：首页 ＞ 新闻

天津大学学生开展野外综合实习

2017-07-18　来源：特约信息员　　收藏

上一组　　　下一组

政府网站 找错　网站声明　网站地图　联系我们

天津大学报　　改革前沿　　2022 年 10 月 30 日　3 版

走好新时代基础学科人才自主培养之路

——天津大学生命科学学院建院 10 周年回顾

2011 年，天津大学生物学一级学科博士点经教育部批准授权。2012 年 12 月 12 日，天津大学生命科学学院正式揭牌成立。这标志着天津大学学科布局的进一步完善，理科建设特别是生物学科建设进入到新的发展阶段。作为新时代成立的新学院，该学院全体师生励精图治、团结奋进，书写了天津大学生命科学发展的新篇章。10 年来，学院以本为本，加强专业建设，入选国家基础学科拔尖学生培养计划 2.0 基地，生物科学专业获批教育部首批“强基计划”改革试点、国家级一流本科专业建设点；10 年来，学院引育并举，加强队伍建设，形成了包括院士、“国家杰青”“四青”人才在内的高水平师资队伍；10 年来，学院凝练方向，聚焦科技前沿，师生在《科学》(Science)、《细胞》(Cell) 等国际顶尖期刊发表研究成果；10 年来，学院突出特色，加强学科建设，生物学获批天津市重点一级学科，生物与生物化学学科位居 ESI 全球排名前 1%，在泰晤士 2022 年高等教育世界大学生命科学学科排名榜上，天津大学生命科学学科并列排名内地第 13 位。

饶子和(左)和张春霆(右)两位院士为学院揭牌

坚持立德树人 提升人才培养质量

学院成立以来，始终将人才培养放在首要位置。2013 年 9 月，天津大学生命科学学院首届本硕博新生入学；2020 年，生物科学专业获批教育部首批“强基计划”改革试点；2021 年，生物科学专业获批国家级一流本科专业建设点，入选国家基础学科拔尖学生培养计划 2.0 基地。学院持续完善人才培养方案，推进教育教学改革，打造一流本科教育体系，不断提高人才培养质量；多次组织专业建设研讨会，邀请国内生物科学专业专家学者把脉学院人才培养方案。学院深化“三全育人”“五育并举”人才培养综合改革，为本科生配备班主任、师友导师、科研导师、企业导师、思政班主任和学友导师，根据学生发展需求给予个性化指导。学院大力加强课程思政建设，入选天津大学首批“课程思政建设示范学院”。根据生物学科特点，学院特别突出学生创新实践能力培养，在本科生培养方案中设置《野外综合实习》《生物学综合设计》《企业认知实习》等课程，组织本科生开展实验室轮转训练。天津市一流本科建设课程《野外综合实习》，着力培养学生的观察能力、实践能力和对未知事物的探索精神。在指导教师的带领下，在昆嵛山、崆峒岛、八仙山等实习地点，学生们行走在深山密林、穿梭于海滩礁石，开展野外综合实习，识别、采集不同海滨生态和山地生境中的代表性动植物并将其制作成标本，在理论与实践的碰撞中，对人与自然的关系有了更加深入的领悟，对生物科学专业的内涵有了更加深入的认识。天津市创新创业教育特色示范课程《生物学综合设计》是一门理工交叉的特色课程，以“生物设计与建造”为主题，课堂上学生们化身“艺术家”，以培养基平板为“纸”，以细菌为“笔”，创作出主题丰富的艺术作品，不仅提高了实验操作技能，也体会到了生物之美和学科之美。

学院积极为学生搭建各类学科竞赛平台，主办“天津大学大学生生命科学基本实验技能竞赛”，组织学生参加国内外生命科学领域竞赛并取得佳绩。学院学生获“国际遗传工程机器设计大赛(iGEM)”金奖 4 项、银奖 1 项、铜奖 1 项；获“全国大学生生命科学竞赛”(科学探究类)二等奖 4 项、三等奖 1 项；获“天津市大学生生命科学基本实验技能竞赛”一等奖 8 项、二等奖 11 项、三等奖 10 项。此外，学院学生获得“‘挑战杯’天津市大学生课外学术科技作品竞赛”一等奖、“中国国际‘互联网 +’大学生创新创业大赛”天津赛区金奖、“‘创青春’中国青年创新创业大赛”天津赛区银奖等多项荣誉。学院与瑞普生物、华科泰、金域医学、鲁南制药、荣昌制药等 10 余家生物医药企业开展合作，建立实习实践基地，组织学生开展企业认知实习。学院超过 2/3 的本科毕业生赴清华大学、上海交通大学、康奈尔大学、帝国理工学院等高校继续深造，2021 届本科毕业生深造率达 76.6%。就业学生在生物企业、政府机关、科研院所等领域从事相关工作，得到社会各界的广泛认可。多位学生获得“中国大学生年度人物”提名奖、“天津大学优秀学生标兵”“天津大学学生科学奖”等荣誉。

本科生代表队获国际遗传工程机器设计大赛金奖

坚持引育并举 建设一流师资队伍

师资队伍是天津大学生命科学学院教学科研工作的基石，是培养基础学科拔尖创新人才的关键。学院成立以来，按照“人才强院”的建设理念，坚持引育并举，不断加强师资队伍建设。中国科学院院士、病毒学家曾毅院士任天津大学生命科学学院名誉院长。建院伊始，学院在《科学》(Science) 杂志上面向全球发布招聘广告，从哈佛大学、约翰霍普金斯大学、耶鲁大学等世界一流大学引进教师全职到学院工作。近年来，学院依托天津大学北洋青年科学家论坛生命科学领域分论坛吸引海内外优秀青年学者加入，目前有 80%以上的专任教师具有长期海外经历。学院十分注重青年教师培养，依托学术午餐会、生科午间沙龙、课程思政研讨会、青年教师讲课大赛等多种形式，为学院教师搭建成长平台，助力青年教师快速成长。学院青年教师在天津市高校青年教师教学竞赛中获理科组二等奖 3 项。目前，学院 90%以上的专任教师具有高级职称，形成了由院士、“杰青”“四青”人才在内的高水平师资队伍。2021 年，学院有 3 名青年教师入选“国家级青年人才”项目，占当年全校“四青”人才入选总数的 6%；多位教师入选“中国科协青年人才托举工程”和“天津市青年人才托举工程”项目。

学院注重加强师德师风建设，弘扬高尚师德文化，引导教师潜心教书育人，做具有大学问、大情怀、大格局、大境界的大先生，将师德建设融入日常，抓在经常。学院每月召开一次教职工大会，领导班子成员定期与学院教师开展谈心谈话，并展向卢永根院士、黄大年式教师团队等学习研讨活动，引导教师坚定理想信念、恪守职业道德；充分发挥教工党支部在导师评聘、职称晋升、评奖评优等方面的作用，将师德考核贯穿教师职业生涯全过程。学院教师及团队获得“全国优秀科技工作者”“国务院政府特殊津贴专家”“中国侨界贡献奖”“天津市五一劳动奖章”“天津青年五四奖章”“天津市教育系统劳动竞赛示范集体”“天津大学我心目中的十佳好导师”“天津大学金牌活力实验室”“天津大学青年教工示范岗”等诸多荣誉称号。

与中科院医学所签署战略合作协议

坚持“四个面向” 产出一流科研成果

学院坚持面向世界科技前沿、面向经济主战场、面向国家重大需求、面向人民生命健康，建设天津市生物大分子结构功能与应用重点实验室和天津市微纳生物材料与检疗技术工程中心，在结构与分子生物学、微生物与免疫学、纳米生物医学、生物信息与大数据等重点领域，开展揭示生命活动基本规律的基础研究及服务医学等领域的应用研究。“基于微纳生物检测技术的智能诊断产品创新与应用”成果获“黄家驷生物医学工程二等奖”；“纳米药物在若干重要疾病治疗方面的基础研究”成果获“天津市自然科学一等奖”；“逆转录病毒辅助蛋白 Vif (病毒感染因子)分子作用机制的研究”成果获“吉林省自然科学一等奖”；“猪病毒性疫苗关键共性技术开发与产业化”成果获“天津市科技进步二等奖”。“病毒的实时动态示踪与感染机制研究”“病毒特异性分子靶标的纳米标记”“正交化蛋白质元件的人工设计与构建”项目获科技部重点研发计划项目支持。学院师生以第一作者及通讯作者身份在《科学》(Science)、《细胞》(Cell)、《自然通讯》(Nature Communications)、《美国科学院院报》(PNAS)、《走进科学》(Science Advances)、《先进材料》(Advanced Materials) 等国际顶级期刊发表学术研究成果。

教育部网站报道学生野外综合实习

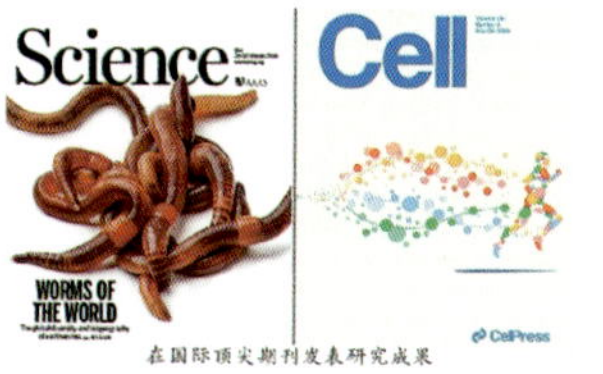

在国际顶尖期刊发表研究成果

学院科研团队聚焦健康中国战略、聚焦重大疾病防控，取得多项成果。2015 年，寨卡病毒在南美洲和拉丁美洲肆虐，寨卡病毒感染除可能造成新生儿小头畸形，还能引发格林－巴利综合征，导致患者瘫痪甚至死亡。2016 年 5 月，生命科学学院科研团队率先揭开了寨卡病毒复制的奥秘，为抗寨卡病毒的药物研发奠定了重要的结构基础，为抵御该病毒在全球范围内扩散提供了理论依据，相关成果在《蛋白质与细胞》(Protein & Cell) 杂志上发表，并被央视、新华社、人民网等媒体报道。2019 年 10 月，青年教师刘斯以第一作者身份在《科学》(Science) 上发表研究论文，首次解析出人源钾氯共转运体蛋白(KCC1)的 2.9 埃冷冻电镜高分辨结构，揭示了钾离子和氯离子在细胞膜蛋白上的结合位点，提出了钾－氯共转运机理，为癫痫等相关疾病治疗和药物设计提供了新的视角。2020 年 5 月，博士生王镝锋以并列第一作者身份在《细胞》(Cell) 上发表研究论文，围绕新型冠状病毒关键药物靶点 RNA 聚合酶开展科学研究，成功解析药靶蛋白和药物瑞德西韦复合物的三维结构，为针对新型冠状病毒的药物研发提供了重要的结构信息。

新冠肺炎疫情爆发后，学院教师第一时间成立了抗击疫情突击队，从病毒检测、防治、安全服务等方面入手，加班加点开展科研攻关；与企业联合申报获批科技部新冠防控应急专项支持，研发出的“新冠病毒抗原荧光免疫层析快速检测试剂盒”获欧盟认证及新加坡生产文号，在火神山医院及相关方舱医院完成验证及使用并出口海外。

坚持合作交流 持续加强学科建设

学院高度重视学科建设，生物学获批天津市重点一级学科；科学制定生物学学科建设与发展规划，凝练功能蛋白设计、赋能细胞、智能纳米药物等 3 个学科发展方向；参与制定学校基础学科建设方案、学校理科建设方案、大医科板块专业发展规划，加强生物学学科与工科、医科之间的协同交叉，牵头申报的“合成生物医药”学科群成功入选首批“天津市高校服务产业特色学科群”建设名单。近年来，学院学科声誉持续提升，生物与生物化学学科位居 ESI 全球排名前 1%；泰晤士 2022 年高等教育世界大学生命科学学科排名榜中，天津大学生命科学学科并列排名内地第 13 位；2022 年 5 月 11 日，泰晤士高等教育(THE)发布了第三版中国学科评级，生物学评级为 A；在软科世界 2022 年一流学科排名中，天津大学生物学学科位列中国(内地)第 29 至 39 位。

生命科学学院院庆晚会

学院注重交流合作，逐步扩大学科影响力，与天津市科协生命科学学会联合体共同举办了“第 39 届学术年会暨全国纳米医学与工程高峰论坛”，吸引了纳米医学与工程领域的 600 余名学者参会，提升了学院学科影响力；举办“天津大学生物学博士研究生学术论坛”，以午间沙龙活动为载体，邀请不同领域专家学者面向全院师生作学术报告，与分子聚集态研究院等单位联合举办论坛，推动跨学院与跨学科学术交流；2021 年，邀请清华大学、北京大学、上海交通大学等高校 5 位院士和 11 位“杰青”做客“生科卓越讲坛”，开展学术合作交流；邀请北京大学生命科学学院程和平院士来学院开展合作交流，积极谋划参与国家重大科技基础设施建设；与中国科学院基础医学与肿瘤研究所合作，联合开展科研攻关，设立联合导师制度，共同培养高水平创新人才；与博奥赛斯(天津)生物科技有限公司等企业合作，研发一系列针对肿瘤、传染病等系列疾病的检测试剂盒产品，实现了进口产品的部分替代，产品已推广至全国 30 个省市数百家医院及体检机构，为患者节省超过 40%的检测费用；派出 4 位青年教师担任企业科技特派员，3 位青年教师入选江苏省科技镇长团，发挥其学科专长，提升企业自主创新能力；开展生物科学普及，助力脱贫攻坚，通过生物科普讲座、标本展出、特色公开课等方式进行科普宣传，辐射人数超过 4 万，在国家级贫困县甘肃宕昌建立 3 间“生物梦想教室”，助力边远贫困地区的教育发展。

坚持党建引领 促进学院事业发展

学院坚持以习近平新时代中国特色社会主义思想为指导，深入学习贯彻落实习近平总书记关于高等教育工作的重要论述和指示批示精神，贯彻落实《中国共产党普通高等学校基层组织工作条例》，以党建工作成效促进学院事业发展；注重加强师生思想理论武装，扎实开展党的群众路线教育实践活动、“三严三实”专题教育、“两学一做”学习教育、“不忘初心、牢记使命”主题教育、党史学习教育，通过党委理论学习中心组联学、党支部结对共建、开设学院思政大讲堂、组织理论宣讲等方式，推动习近平新时代中国特色社会主义思想往深里走、往心里走、往实里走；选优配强党支部书记，教师党支部“双带头人”比例达 100%，教工党支部书记全部进入学院党委班子；通过召开全体党支部书记工作会议、开展专题培训和工作研讨、党委委员联系指导师生党支部全覆盖等工作，加强党支部标准化规范化建设，推动党建工作和中心工作深度融合；注重在优秀青年教师中发展党员，发展国家级青年人才王生教授入党，相关事迹受到天津日报、天津电视台等媒体报道。

学院注重发挥党员先锋模范作用和党支部战斗堡垒作用，疫情发生后，学院党委迅速响应，研究部署学院疫情防控工作；成立疫情防控联络小组及工作保障组，各组成员各司其职，统筹推进疫情防控和教学科研工作；师生不畏疫情，勇于担当，参与核酸检测、校门值班值守、“三站一场”学生接送站、爱心车队、社区疫情防控等志愿服务工作，校园封闭管理期间，半数以上教工党员主动申请驻校值守；学生志愿者累计参加志愿服务近 500 人次，累计志愿服务时长超 2000 小时；多名教师获“天津市教育系统优秀共产党员”“天津市教育系统优秀思想政治工作者”“天津大学优秀共产党员”“天津大学优秀党务工作者”称号；注重发挥党支部战斗堡垒作用，微生物免疫党支部“抗击疫情，勇担使命”、综合党支部“传好脱贫攻坚接力棒，开启乡村振兴新征程”，主题党日活动获天津市教育系统“创最佳党日”优秀活动；2018 级硕士生党支部获得学校首批“‘对标争先’建设样板党支部”“天津大学十佳学生党日”等荣誉。

新时代的生命科学学院，需要作出新时代的贡献。十年树木，百年树人。天津大学生命科学学院将深入学习宣传贯彻落实党的二十大精神，坚持“四个面向”，牢记为党育人、为国育才使命，自信自强、守正创新，踔厉奋发、勇毅前行，继续走好基础学科拔尖创新人才自主培养之路，为全面建设社会主义现代化国家、全面推进中华民族伟大复兴而努力奋斗！

武璇/文图

改革前沿（生命科学学院）

附录 9　历届毕业生合影

天津大学生命科学学院 2016 届毕业生合影留念

前排左起：杨海涛 张　蕾 孔　佳 李允初（曾用名：李艳红） 徐　博 舒歌群 李　婷 张晓红 李雪平 董　燕 肖述虎

二排左起：朱春凤 康　君 杨　柳 张丽琳 郭　帅 秦晓红 宫晓群 武晓丽 杨　英 武　璇 卜繁旭 刘　宁

三排左起：王汉杰 华德平 米立志 郭艳余 李　勇 刘立山 王　涛 赵　剑 黄金海 王泽方 刘培源 田　浩

天津大学生命科学学院2017届本科生合影留念

前排左起：郭艳余　刘立山　刘　一　赵　剑　杨海涛　张　蕾　常　津　黄金海　林　志　严汉池　王　涛
二排左起：杨　柳　郭　帅　张丽琳　武　璇　宫晓群　秦晓红　武晓丽　杨　英　朱春凤　卜繁旭　康　君
三排左起：王汉杰　王泽方　陈　成　袁文肃　刘培源　田　浩　华德平　刘嘉舒　陈卓芝
四排左起：胡金鑫　常天赐　李欣元　姜雅婷　陈织虹　王林鹤　张炎凤　赵　晴　李开扬　蔡　锦　王镐锋
五排左起：聂旭鸿　刘焕炜　董立根　张天晴　汪　洋　孙　龙　孔维翰　张宇恒　李宇辰　邹友鹏

天津大学生命科学学院 2017 届研究生合影留念

前排左起：郭艳余 刘立山 刘 一 赵 剑 杨海涛 张 蕾 常 津 黄金海 林 志 严汉池 王 涛

二排左起：杨 柳 郭 帅 张丽琳 武 璇 宫晓群 秦晓红 武晓丽 杨 英 朱春凤 卜繁旭 康 君

三排左起：王汉杰 王泽方 陈 成 袁文肃 刘培源 田 浩 华德平

四排左起：张 莹 张玉函 姬倩悦 沈梦露 王 月 刘胜男 王德平 王 鑫 马俊超 杨莹莹 王 飞 高 田

五排左起：代松宝 田宏亮 夏正保 谭宇声 许继伟 尚庆斌 周振威 贺双意

天津大学生命科学学院 2018 届毕业生合影留念

前排左起：康　君　孙万蜜　严汉池　黄金海　赵　剑　张　蕾　Jay Siegel
常　津　刘立山　宫晓群　武　璇　郭　帅　卜繁旭

二排左起：郭艳余　王泽方　彭　鑫　王汉杰　华德平　袁文肃　李　勇　陈　成　刘培源　田　浩　刘　晶

三排左起：张仲文　王淑娟　张　博　魏爱琪　蒋林芮　刘曼琳　谢沁妤　王　遨　王方奕　王　锐　常　娜　任　婕
李　婷　赵　倩

四排左起：宋　旋　付金玉　侯宇佳　马　宁　张铧月　范嘉文　石瑀婷　胡　凤　张子豪　周　涵　杨霄云

五排左起：刘雅娟　陈　裴　张艺元　连国伟　杨富康　王康康　王浩栋　陈德康　梁　天　刘　邈　洪文婕　陈　侠

六排左起：张泽成　谌红彬　聂炳荣　田献彬　牟钟毓　李恒轩　王立嘉　黄宇飞　陈　聪　周海林　刘　坤　潘明磊

七排左起：王家顺　蔡建林　杨　林　李卓然　胡睿行　魏　亮　董国修　金泰来　王时超　张子康　王　斌

天津大学生命科学学院 2019 届毕业生合影留念

前排左起：华德平　袁文肃　严汉池　陈　成　王汉杰　王　涛　刘立山　叶　升　张　蕾　常　津　黄金海　林　志　杨　英　孙万蜜　卜繁旭

二排左起：彭　鑫　刘　晶　刘培源　康　君　闫　昕　赵成雪　朴佳芳　武佳琦　黎瑞巧　崔　闻　王凤华　刘胜男　陈　静　张可可　关　姣　刘思华　秦晓红　宫晓群　杨　柳　武晓丽　朱春凤

三排左起：张银兴　王　雯　杨旻晔　王媚媚　谷少伟　张　宁　陈星濛　唐近洪　韩　旭　李金珂　芦　冬　赵汝佳　张媛媛　李　秀　周雨睿　苏彦鑫　计婉莹　刘慧明

四排左起：李　勇　陆翊茗　蒋小艺　田美璇　闫　迪　李江燕　赵子鹏　邱正元　樊立博　谢树峰　童善惟　李瑞琦　刘依依　高一源　朱夏庆　阎如月　郭艳余

五排左起：张智斌　董金熹　王　俊　谭　政　李　帅　丛士钧　马　潇　张锦涛　段胤凯　彭虹达　桂　全　林修远　陈立晰　鲍献崧

天津大学生命科学学院 2020 届毕业生合影留念

前排左起：孙万蜜　卜繁旭　武　璇　彭予心　刘培源　王汉杰　黄金海　叶　升　陈明慧　李一昂　王　涛　张银兴　宫晓群　杨　柳

二排左起：袁文肃　陈　菹　焦广萍　高雪纯　田宇辉　李雨欣　杨晓宇　李嘉铭　尹明慧　姚　兰　范　政　刘宇翰　闫　洪　毛　明　刘　晶　刘慧明

三排左起：杜　铭　孙洪昶　宋雨琦　陈俊静　高慕婵　林梦瑶　李孟琦　刘宜欣　刘心怡　雷佳欣　储川棋　刘穗斌

四排左起：王　舸　孙欣昭　孙晨博　张智鑫　吴　丹　谢梅婷　张瑞娟　白向丽　段宇琴　成金燕　张东红　罗世雄　韩旭晨

五排左起：胡智影　武佳琪　王欣悦　刘　静　李　露　闫小寒　徐亚楠　高　帅　肖　潇　张文涛　戚　策　曹　勇

六排左起：李　振　毛伟东　吴昌鸿　高玮辰　崔梅慧　高俊潇　郝亚锋　张超楠　焦文豪　李显煌　董祎涵

天津大学生命科学学院 2021 届毕业生合影留念

前排左起：孙万蜜 杨　柳 宫晓群 王泽方 王汉杰 黄金海 叶　升 李一昂 王　涛 尚　洁 卜繁旭 朱春凤 刘　晶

二排左起：刘慧明 彭予心 林晓彤 黄桔茂 程怡然 闫　雨 余欣宬 梅笑寒 王　鑫 杨　涵 郭艳余 程国辉 张英英 潘惠卓 倪昕媛 周　渊 刘　玥 王晋芝 马雨涵 尚常译匀 张银兴

三排左起：张丽琳 姚棣煊 张千柔 韩雨芯 陈筱桐 詹婉瑜 高　姝 邸林艳 刘安京 陈嘉辉 孟　雨 张慧洋 连宇珂 朱与菁 王鸿淼 谭　雪 张　诺 邱昱皓 吕梦媛 徐立琳 李　勇

四排左起：严一苇 范小治 李鹏乾 耿　哲 高吉星 张嘉东 李　嵩 张雨雨 李东旭 董　健 周　涛 谢槟远 杨懿宁 滕文仲 曹　睿 蒋志程 吕旭东 王译德

五排左起：宋银娜 朱　敏 曲青霞 孙慧敏 许阳阳 刘红云 王　丽 弓　芃 逄瑞娇 李金玉 秦瑞琦 李佳桦 刘美君 崔警予 徐金歌 邓文月 张　维 余冰清 张传英 马　宁

六排左起：赵秋子 张立立 段　玥 王景霞 李晓瑞 于海波 何天地 张铧月 曹爱萍 杨继晨 李恒轩 杨　淳 黄　涛 施靓轩 宋晶磊 连国伟 李婉情 刘雪晴

天津大学生命科学学院 2022 届本科生合影留念

前排左起：李一昂　甘戴梦　王梦婷　董睿涵　龚文惠　王　远　张世凤　张心怡　李玉晗　叶　升

二排左起：尚　洁　周昱菲　付雪晴　王维丝　叶艺雯　刘徐佳　杨　晨　薄世轩　陈宏华　王　雷　刘慧明

三排左起：宫晓群　吴钟铄　刘泳鑫　刘凯瑞　邵泽文　时浩洋　叶文昊　梅佳乐　刘杨振海　潘昭宇　王禹桥

四排左起：宋博闻　钱成远　周海平　钱成远　黄　涛　肖佳诚　何希威　刘畅言　张　贺

天津大学生命科学学院 2022 届研究生合影留念

前排左起：米立志　黄金海　叶　升　李霄阳　彭伟盼　李一昂　尚　洁　刘慧明

二排左起：苏雅芝　徐乐灵　任秀影　魏　漪　杨婷婷　白一辰　李冬青　刘欣阳　李炳轩　李文领

三排左起：毛文慧　宋晓杰　韩春丽　刘宝娜　张　越　丁百香　赵亚楠　王丹彤

四排左起：翟　珲　孙　喆　罗　冉　李文娜　韩厚玉　王晓丽　侯　贝　董敏敏

五排左起：谭　政　薛　鑫　杨文博　曹宏伟　魏道河　于　鹏

天津大学生命科学学院 2023 届本科生合影留念

前排左起：宫晓群　武晓丽　黄金海　王　涛　常　津　叶　升　李一昂　王汉杰　尚　洁　张丽琳　杨　柳　卜繁旭　朱春凤

二排左起：刘培源　张馨月　杨智茹　胡正阳　李一曦　易　昕　薛诗尧　邢起宇　张　涵　王晓雅　王君仪　李晴斋　任东英　刘慧明

三排左起：操钟玉　杨淑珺　李蕙伶　王亚南　刘得武　王怀印　张　柁　董星雨　胡雅新　陆言骄

四排左起：李悦微　宋佳欣　赵婧斐　王　凯　马炳林　许　朔　潘彦博　林道俊　李继丞　杨小龙　陆沈竣杰

五排左起：万　悦　赵宇励　王一鑫　吴　桐　赖鹏冲　辛　瀛　韩玉琦　康嘉轩　郭　旭　李明山

天津大学生命科学学院 2023 届研究生合影留念

前排左起：宫晓群 武晓丽 范天天 崔梅慧 汤 聪 刘思华 赵冬菊 张丽琳 朱春凤
二排左起：刘培源 黄金海 王 涛 常 津 叶 升 李一昂 王汉杰 尚 洁 卜繁旭 杨 柳
三排左起：刘艳梅 李元方 姚 兰 常文静 解濡语 刘 娜 张 晗 丰 果 刘慧明
四排左起：赵鹏程 邢一莹 张心慧 张雅普 张明慧 宋建颖 李 欢 王 丰 张晗笑
五排左起：郭海珍 施晓恩 苏 鑫 袁冰倩 张 哲 王 健 范 晓
六排左起：林梦瑶 冯哲瀚 李 玺 周建宇